Emmanuel Jungclaussen

Suche Gott in dir

Emmanuel Jungclaussen

Suche Gott in dir

Der Weg des inneren Schweigens
nach einer vergessenen Meisterin,
Jeanne-Marie Guyon

Herder
Freiburg · Basel · Wien

Der Text von Jeanne-Marie Guyon,
Moyen court et très-facile de faire oraison,
wurde ins Deutsche übertragen von Maria Wachinger

Umschlagfoto: Gerhard Walter

Dritte Auflage

Herstellung: Freiburger Graphische Betriebe 1989
ISBN 3-451-20799-0

VORWORT

Vor 303 Jahren schrieb eine 35jährige französische Adlige, Jeanne-Marie Guyon, die zu der Zeit schon sieben Jahre Witwe war, ihre eigenen Erfahrungen mit dem inneren Gebet in knapper und präziser Form nieder: „Kurzer und sehr leichter Weg zum Inneren Gebet" (auf französisch: „Moyen court et très-facile de faire oraison"). Die kleine Schrift war damals für viele eine befreiende Antwort auf ihrer Suche nach religiöser Verinnerlichung. Infolge des Quietismus-Streites geriet sie in der römisch-katholischen Kirche praktisch in Vergessenheit – wie die Schriften der Madame Guyon insgesamt. Die erste deutsche Übersetzung kam 1701 aus der Feder des evangelischen Theologen Gottfried Arnold. Das war der Beginn einer intensiven Wirkungsgeschichte der Madame Guyon innerhalb des deutschen Pietismus und damit gleichzeitig eine frühe, leider viel zu wenig bekannte Form des geistlichen Ökumenismus.

Die befreiende Antwort ihres „Kurzen und sehr leichten Weges" scheint zum gegenwärtigen Zeitpunkt von erneuter Aktualität zu sein. Angesichts der zentrifugalen, ja oft zerstörerischen Kräfte unserer Welt zeigt sie aus christlicher Überlieferung einen Weg zur Mitte und dadurch zur Einheit und Ganzheit, von dem viele meinen, daß ein solcher im kirchlichen Leben gegenwärtig schwer zu finden sei. Befreiend ist diese Antwort heute vor allem deshalb, weil sie nicht wieder – wenn auch unter anderen Vorzeichen – eigene Anstrengung und Leistung verlangt, sondern im Gegenteil die eigene Aktivität zur Ruhe bringen will, um ein stilles Geschehenlassen von Gott her zu ermöglichen.

Allen, die aus innerer Anteilnahme mit Rat und Tat geholfen haben, den „Kurzen und sehr leichten Weg" wieder freizulegen, sei das vorliegende Büchlein in Dankbarkeit zugeeignet.

Niederaltaich, am 22. Juli 1986,
dem Fest der hl. Maria Magdalena

Emmanuel Jungclaussen

INHALT

EMMANUEL JUNGCLAUSSEN
JEANNE-MARIE GUYON

I. EINE ABENTEURERIN DER MYSTIK

Es war um die Mitte des Jahres 1668, als ein Franziskaner der streng kontemplativen Richtung der Rekollekten, P. Archange Enguerrand († 1699), zur noch nicht zwanzigjährigen Jeanne-Marie Guyon, die im gleichen Jahr ihren zweiten Sohn geboren hatte, folgende Worte sprach, und zwar als Antwort auf ihre Schwierigkeiten beim Gebet: „Das kommt daher, weil Sie außen suchen, was Sie doch inwendig in sich haben. Gewöhnen Sie sich daran, Gott in Ihrem Herzen zu suchen, so werden Sie ihn dort finden." Jeanne-Marie Guyon fährt in ihrer Autobiographie fort:

„Diese Worte waren mir wie ein Pfeil durch mein Herz gefahren. Ich empfand in jenem Augenblick eine sehr tiefe Wunde, die voller Anmut und Liebe war, ja eine so angenehme und liebliche Wunde, wovon ich mein Lebtag nicht wieder zu genesen verlangte. Diese Worte legten mir dasjenige ins Herz, was ich seit vielen Jahren suchte, oder vielmehr sie bewirkten, daß ich dasjenige sah und erkannte, was darin war und was ich doch nicht genoß, weil ich es nicht erkannt hatte.

O mein Gott und Herr, du warst in meinem Herzen und fordertest nichts von mir als nur die schlichte Einkehr in mein Inneres, um deine Gegenwart empfinden zu können. O unendliche Güte, du warst so nah, und ich lief hin und her, um dich zu suchen, und fand dich doch nicht! Mein Leben war voller Elend und Jammer, und meine Glückseligkeit war doch in mir... O du alte und neue Schönheit, warum habe ich dich so spät erkannt? Ach, ich suchte dich, wo du nicht warst, und suchte dich da nicht, wo du warst. Das kam daher, weil ich die Worte der Schrift nicht verstand, wo du sagst: ‚Das Königreich Gottes ist nicht hier und da, das Königreich Gottes ist inwendig in euch' (Lk 17,21).

Ich schlief die ganze Nacht nicht, weil deine Liebe, o Gott, wie ein verzehrendes Feuer war, welches in meiner Seele einen solchen Brand entzündete, der alles in einem Augenblick zu verzehren schien. Ich war plötzlich so verändert, daß ich mich selbst nicht mehr kannte, und so erging es auch den anderen Leuten" (AÜ 78f; NÜ 63f)[1].

Wer war diese Jeanne-Marie Guyon, geborene Bouvier de la Motte, die hier – in Anlehnung an die Bekenntnisse des hl. Augustinus (10,27) – von der entscheidenden Wende ihres Lebens berichtet? Sie selbst datiert die innere Erfahrung, die in Verbindung mit den Worten des Rekollekten in ihr Platz greift, auf den 22. Juli, das Fest der hl. Maria Magdalena, des Jahres 1668. Der 22. Juli wird in ihrem späteren Leben immer wieder ein Markierungspunkt sein. Hier kann nur skizzenhaft vom Abenteuer ihres äußeren und inneren Lebens berichtet werden, von dem sie selbst in ihrer Autobiographie in umfassender Weise Zeugnis gegeben hat.

Infolge eines Schocks ihrer Mutter kam sie als Siebenmonatskind am 13. April 1648 in Montargis (südlich von Paris) zur Welt. Kaum lebensfähig und lange Zeit kränklich, sollte sie das ungeliebte Kind ihrer Mutter bleiben, dem der später geborene Bruder Jacques beständig vorgezogen wurde. Daß man sie schon mit zweieinhalb Jahren Klosterfrauen, d. h. zunächst Ursulinen, anvertraute, erscheint von daher verständlich, auch deshalb, weil ihr Vater Claude Bouvier de la Motte-Vergonville im Gegensatz zur Mutter liebevoll um seine Tochter besorgt war und sie bei den Ursulinen besser aufgehoben sah als daheim. Krankheiten und andere Umstände veranlaßten einen mehrfachen Wechsel. So finden wir sie mit vier Jahren bei Benediktinerinnen, mit sieben wieder bei Ursulinen, mit zehn bei Dominikanerinnen, dann wieder bei Ursulinen, wo sie am 13. April 1659 die erste heilige Kommunion empfängt. Von den vielfachen, oft schmerzlichen Erlebnissen – mit zum Teil starken religiösen Erschütterungen – sei bei diesem häufigen Wechsel des Aufenthaltsortes und der Bezugspersonen nur eines erwähnt: Aus Angst vor Ansteckung durch die Windpokken, die Jeanne-Marie bekommen hatte, ließen die Dominikanerinnen sie drei Wochen in einem Isolierzimmer, wo sie zu ihrer „Unterhaltung" nichts findet als eine Bibel. Die Zehnjährige liest Tag und Nacht darin, und das Gelesene prägt sich ihr tief ein. Später werden die mystischen Kommentare zur Heiligen Schrift den Hauptteil ihres Werkes ausmachen, wie denn auch die zahlreichen Schriftzitate, zum Beispiel im „Kurzen und sehr leichten Weg", ihre tiefe Vertrautheit mit der Bibel bezeugen. Dabei zitiert sie weithin aus dem Gedächtnis, wodurch der Bibeltext nicht immer wörtlich wiedergegeben wird.

1661 vertieft sich unter dem Einfluß eines Vetters, der sich als Priester gerade in die Mission nach Fernost begibt, ihr geistliches Leben beträchtlich. Die Dreizehnjährige liest die „Philothea" des hl. Franz von Sales und eine Biographie der hl. Johanna Franziska von Chantal, die von nun an – bewußt oder unbewußt – ihr großes Vorbild bleiben wird. Jeanne-Maries Wunsch aber, in den von der hl. Johanna Franziska und dem hl. Franz von Sales gegründeten Orden der Heimsuchung, der auch in Montargis ein Kloster hat, einzutreten, setzen die Eltern andere, vor allem Heirats-Pläne entgegen.

Ein mehrmonatiger Aufenthalt in Paris bringt sie mit

der „großen Welt“ in Kontakt. Sie stammt ja aus angesehener Adelsfamilie. Sie gerät an Romane, die sie verschlingt. Sie nimmt ihre eigene Schönheit wahr und den Eindruck, den sie auf andere macht, nicht ohne an der eigenen Eitelkeit bzw. an Schuldgefühlen zu leiden.

Noch nicht sechzehn Jahre alt, wird sie nach Sitte jener Zeit, ohne eigentlich gefragt zu werden, einem zweiundzwanzig Jahre älteren, sehr reichen und dabei wohltätigen adligen Herrn verlobt, der jedoch bald zu kränkeln beginnt und darüber hinaus sehr jähzornig ist. Erst zwei Tage vor der Hochzeit sieht sie ihn zum ersten Mal (Februar 1664). Die Ehe wird zum Martyrium. Statt der erhofften Freiheit von der Mutter erwartet sie eine grobe Schwiegermutter. Eine Bedienstete schikaniert die sechzehnjährige Ehefrau auf jede Art und Weise. Am 21. Mai 1665 gebiert sie ihr erstes Kind, 1668 ihr zweites, wie schon erwähnt. Im Juli 1667 war ihre Mutter gestorben. Im gleichen Jahr gewinnt sie in der Herzogin von Bethune eine Freundin, die ihr in allen Wechselfällen ihres Lebens treu bleiben wird und die mit ihren eigenen mystischen Neigungen jene anfangs beschriebene Wende des Jahres 1668 vorbereiten half. (Diese Wende war im übrigen mit dem Beginn eines streng asketischen Lebens von zum Teil ungewöhnlicher Härte verbunden.)

1669 gebiert sie ihr drittes Kind, eine Tochter. 1670 erkranken alle drei Kinder an den Pocken und sie selbst schließlich auch. Der älteste Sohn stirbt. Jeanne-Marie Guyon wird wieder gesund, aber ihr Antlitz bleibt für immer von den Pockennarben entstellt.

1671 begegnet sie zum ersten Mal P. La Combe (1640–1715) aus dem Barnabitenorden, der sich auf der Reise nach Rom befindet. Sie konnte zu diesem Zeitpunkt nicht ahnen, welche schicksalhafte Rolle dieser Mann in ihrem Leben noch spielen sollte. Auf der Suche nach einem Seelenführer findet sie endlich den von Benediktinerinnen und in Adelskreisen hochgeschätzten Weltpriester Jacques Bertot. Als Schüler des 1659 in Caen verstorbenen Laienmystikers und Seelenführers Jean de Bernières-Louvigny, der sogar Priester und Ordensleute auf den mystischen Weg führte, macht er Jeanne-Marie mit dessen Lehre von der reinen Liebe und vom Sich-Verlieren in den Willen Gottes vertraut. De Bernières-Louvigny ist eine der zahlreichen – und wie Jeanne-Marie Guyon weithin vergessenen – Gestalten des „goldenen Zeitalters" der französischen Mystik, an das dieses Buch unter anderem erinnern möchte[2].

Am 1. Juni 1672 stirbt ihr Vater, vier Tage später ihre Tochter Maria-Anna. Am 22. Juli des gleichen Jahres tritt sie unter der seelsorglichen Führung der Benediktinerin Geneviève Granger (1600–1674), die sie seit 1668 als Vertraute hat, in eine mystische Verbindung mit Jesus dem Kinde, dessen Verehrung für ihren inneren Weg prägend sein wird. 1674 wird das vierte Kind geboren. Das folgende Jahr läßt eine Zeit innerer Prüfung und mystischer Reifung beginnen, die insgesamt sieben Jahre dauert. Am 21. März 1676 gebiert sie ihr fünftes und letztes Kind. Am 21. Juli des gleichen Jahres stirbt ihr Mann nach dreiwöchiger schwerer Krankheit.

Für die achtundzwanzigjährige Witwe geht es nun um die völlige Neuorientierung der äußeren Gestalt ihres Lebens. Ihr großes Vorbild, die hl. Johanna Franziska von Chantal, war mit neunundzwanzig Jahren Witwe geworden und hatte vier Kinder geboren. Mit zweiunddreißig Jahren traf sie Franz von Sales und nahm ihn zu ihrem Seelenführer. Jeanne-Marie Guyon begegnet 1679 erneut P. La Combe, der nach dem Tode Bertots 1681 – sie ist dann dreiunddreißig Jahre alt – ihr Seelenführer wird. Dazwischen macht sie am 22. Juli 1680 eine tiefgreifende Erfahrung, von der sie selbst berichtet:

„Mich dünkte, meine Seele sei wie das Neue Jerusalem geworden, von welchem in der Offenbarung des Johannes gesagt wird, daß keine Trauer, noch Schmerz, noch Klage mehr darinnen sei (21,4). Ich hatte eine solche Gleichmut in mir, daß mir alles vollkommen eins war. Die Vereinigung mit dem Willen und Wohlgefallen Gottes war so groß, daß in mir kein einziges Verlangen oder eine Neigung zu etwas war... Meine Seele fand, daß ein anderer Wille (und nicht der eigene) den Platz eingenommen hatte, ein ganz göttlicher Wille, welcher ihr nichtsdestoweniger so eigen und so natürlich war, daß sie sich unendlich freier befand in diesem Willen, als sie wohl jemals in ihrem eigenen gewesen war... O Einigung in der Einheit, die Jesus Christus von Gott für die Menschen erbeten (Joh 17,23) und auch selbst für sie verdient hat, wie stark bist du in einer Seele, die sich auf solche Art in ihrem Gott verliert! Da bleibt die Seele nach der Vollendung dieser göttlichen Einheit mit Jesus Christus in Gott verborgen (Kol 3,3). O seliges Sich-Verlieren! Ja, um so viel seliger, weil es nicht etwas Vorübergehendes ist wie bei der Entrückung, die mehr ein bloßes Absorbiertwerden als ein Sich-Verlieren ist, weil die Seele sich gleich danach wiederfindet, sondern ein bleibendes und dauerhaftes Sich-Verlieren in einem unermeßlichen Meer" (AÜ 265f; NÜ 177f).

Dieses Sich-Einsfühlen und Sich-Verlieren im Willen Gottes läßt Jeanne-Marie Guyon nach dem Auftrag Gottes für ihren neuen Lebensabschnitt fragen, der offensichtlich mit ihrer Witwenschaft begonnen hat. Und sie, die einmal jene nicht zu unterschätzende spirituelle und damit ökumenische Bedeutung im Protestantismus gewinnen wird, wie wir noch sehen werden, fühlt sich gedrängt, nach Genf, mitten ins protestantische Milieu, zu gehen, freilich zunächst aus einem ganz unökumenischen Anlaß.

Der Bischof von Genf, der wie seinerzeit Franz von Sales in Annecy residierte, sah in ihr eine Hilfe, in der Nähe von Genf, nämlich in Gex, eines der berühmt-berüchtigten „Neukatholikenhäuser" zu eröffnen, wo protestantische Mädchen und Frauen zum Katholizismus „umerzogen“ wurden. Das erste Haus dieser Art war schon 1634 in Paris eröffnet worden. Kein Geringerer als der spätere Erzbischof Fénelon war hier von 1678–1688 geistlicher Berater. (Nach der Aufhebung des Edikts von Nantes 1685 verstärkte sich die Aktivität auf diesem Gebiet.) Der Weg Madame Guyons in die neue Aufgabe war allerdings von einer schmerzlichen Entscheidung begleitet; ähnlich wie bei der schon erwähnten Johanna Franziska von Chantal oder bei der seligen Maria von der Menschwerdung (1599–1672) – Frankreichs größter Mystikerin [3] – geht es dabei um die Trennung von den Kindern und die Regelung ihrer Erziehung und Versorgung. Der Sohn der letztgenannten Mystikerin, der Benediktiner Claude Martin (1619–1696), berät übrigens in jenen Jahren Jeanne-Marie bezüglich ihrer neuen Aufgabe. Sie nimmt nur ihre jüngste Tochter mit sich; die großzügig geregelte Versorgung der beiden Söhne wird unter die Verantwortung eines Vetters ihres Mannes gestellt und später durch Vormundschaft der Schwiegermutter abgelöst.

Mit Madame Guyons Abreise nach Gex, wo sie am 22. Juli 1681 eintrifft, beginnt für sie ein unstetes Wanderleben, das eigentlich erst mit ihrer Einkerkerung in der Bastille am 4. Juni 1698 zur Ruhe kommen wird. In Gex erkennt sie bald aufgrund verschiedener Schwierigkeiten, daß das Neukatholikenhaus nicht ihre eigentliche Aufgabe ist, trotz aller Unterstützung seitens ihres Seelenführers P. La Combe, der in der Nähe, in Thonon, Hausoberer einer Niederlassung seines Ordens ist. Sie geht nach Thonon, wo die Ursulinen ebenfalls ein Haus haben und daher die Erziehung ihrer Tochter übernehmen können. Sie macht zweimal Exerzitien bei P. La Combe, in deren Folge sie auf sein Geheiß 1682 wie unter einem inneren Diktat ihr erstes und vielleicht bedeutendstes Werk „Die geistlichen Ströme“ [4] niederschreibt. Von ihr überarbeitet, zirkuliert es in vielen Abschriften, erscheint aber erst 1704 im Druck, und zwar in Amsterdam, herausgegeben von dem protestantischen Pfarrer Peter Poiret, von dem noch die Rede sein wird.

Bald nach der Niederschrift beginnt, verbunden mit einer schweren Krankheit, die vom 14. September 1682 bis 3. Mai 1683 dauert, eine neue Phase ihres mystischen Weges, den sie – in der Verähnlichung mit Jesus, dem Kinde – als „Zustand des Kindseins“ beschreibt. Dahinein fällt die Erfahrung der „Kommunikation im Schweigen“. Sie schreibt in ihrer Autobiographie:

„Während dieser sonderbaren Krankheit, die sich über mehr als sechs Monate hinzog, lehrte der Herr mich nach und nach, daß es eine andere Art gab, mit Seelen umzugehen, die völlig sein waren, als durch die Sprache. Du ließest mich begreifen, o göttliches Wort, daß so, wie du immer sprichst und wirkst in einer Seele, obwohl du darin in tiefer Stille erscheinst, es auch eine Art der Kommunikation, des gegenseitigen Sich-Mitteilens bei deinen Geschöpfen gibt in einer unbeschreiblichen Stille. Ich vernahm eine Sprache, die mir vorher unbekannt war. Ich erkannte allmählich, wenn Pater La Combe eintrat, daß ich nicht mehr zu sprechen brauchte. Es bildete sich in meiner Seele dieselbe Art der Stille zu ihm, wie sie sich auch im Blick auf Gott bildete. Ich verstand, daß Gott mir zeigen wollte, daß Menschen schon in diesem Leben die Sprache der Engel lernen können. Ich beschränkte mich allmählich darauf, nur in der Stille mit ihm zu sprechen. Wir verstanden uns in Gott auf eine unaussprechliche und göttliche Art. Unsere Herzen sprachen miteinander und teilten sich eine solche Gnade mit, wie es Worte nicht auszudrücken vermögen. Es war wie ein neues Land, sowohl für ihn als auch für mich, aber so göttlich, daß ich es nicht beschreiben kann. Zuerst geschah dies so merklich, das heißt, Gott durchdrang uns mit sich selbst auf eine so reine und liebliche Weise, daß wir in dieser tiefen Stille Stunden zubrachten, immer uns einander mitteilend, ohne auch nur ein Wort sprechen zu können. Dabei lernten wir durch eigene Erfahrung die Wirkung des himmlischen Wortes kennen, wenn es die Seelen in die Vereinigung mit sich selbst führt, und welch eine Reinheit man in diesem Leben erreichen kann. Es wurde mir gegeben, auch mit anderen guten Seelen solche Verbindung zu haben, nur mit dem Unterschied: Ich teilte ihnen die Gnade mit, mit der sie sodann erfüllt wurden, wenn sie mir in dieser heiligen Stille nahe waren, und sie verlieh ihnen eine außergewöhnliche Kraft, doch ich empfing nichts von ihnen, während bei Pater La Combe die Gnadenmitteilung wechselseitig war: Er empfing von mir und ich von ihm in der größten Reinheit" (AÜ 430f; NÜ 257f).

Dieser Text macht deutlich, daß P. La Combe nicht nur der Führende, sondern gleichzeitig auch der von ihr Geführte ist. Ein Traum in der Nacht vom 2. zum 3. Februar 1683, in dem sie sich selbst in der Gestalt der apokalyptischen Frau schaut (Offb 12) und darin ein Symbol ihrer eigenen geistlichen Mutterschaft, aber auch der kommenden Leiden erkennt, bestärkt sie in ihrer Sendung, Christen in der Welt, aber auch Ordensleute zum Inneren Gebet und damit zur vollen Hingabe an Gott zu führen.

Möglicherweise erfolgt schon in dieser Zeit die erste Niederschrift des „Moyen court", des „Kurzen und sehr leichten Weges", sonst wenig später in Turin, wohin sie im Oktober 1683 auf Einladung einer adeligen Freundin abreist, zusammen mit P. La Combe, der vom Bischof von Verceil zu besonderen Aufgaben erbeten worden war. Weitere Stationen ihrer Reise sind: Grenoble, Marseille, Nizza, Genua, Verceil, Turin, wiederum Grenoble und schließlich am 21. Juli 1686 Ankunft in Paris.

Der Bischof von Genf hatte mittlerweile eine Rückkehr nach Gex unmöglich gemacht. Bei ihrem ersten Aufenthalt in Grenoble von Juli bis Dezember 1684 wird der „Moyen court" als ihr erstes Buch in Druck gegeben; es erscheint Mitte März 1685. Im übrigen verfaßt sie während dieser Zeit den größten Teil ihrer mystischen Kommentare zur Heiligen Schrift.

Überall, wohin sie kommt, übt sie ihr Apostolat der Innerlichkeit aus. Sie findet eine zahlreiche Anhängerschaft, auch unter Ordensleuten, obwohl sie selbst – wohlgemerkt – dem Ordensstand nicht angehört. Es zeigt sich aber auch bald wachsender Widerspruch, vor allem aus Kreisen der antimystisch orientierten Jansenisten. Hinzu kommt Neid, aber auch Verleumdung wegen der gemeinsamen Reisen mit P. La Combe. In Paris braut sich dann aus verschiedensten Gründen und zum Teil mit übelsten Methoden ein erstes Unwetter zusammen. Mit auslösendes Moment waren Ereignisse in Rom, nämlich der Inquisitionsprozeß gegen den spanischen Priester Miguel de Molinos, der selbst den damaligen Papst Innozenz XI. in Schwierigkeiten brachte. „[Molinos] hatte seit 1664 ein großes Ansehen als Seelenführer erlangt. Mit höchster Genehmigung ließ er 1675 seinen ‚Guía espiritual‘ [Geistlichen Führer] erscheinen. In sich selbst betrachtet, erscheint das Werk sehr harmlos: Es ist stark von den rheinisch-flämischen und spanischen Mystikern beeinflußt und betont nur übertrieben die passive Haltung und die Techniken, die zur contemplatio acquisita [erworbenen Beschauung] führen. Man behauptete aber, Molinos habe Eingeweihten eine viel gewagtere esoterische Unterweisung gegeben, und beschuldigte ihn schwerer moralischer Perversionen. Tatsächlich zeigt das für die Konsultoren des Heiligen Offiziums zusammengestellte „Summarium“ klar, daß er sich auf diesem Gebiet bedauerliche Freiheiten genommen hatte, die er als erlaubt ansah. Obwohl Innozenz XI. ihn zunächst beschützte, wurde Molinos 1685 verhaftet, 1687 verurteilt; er starb in der Haft des Heiligen Offiziums. Die Konstitution ‚Caelestis Pastor‘ schreibt ihm 68 seinen Briefen und Vorträgen, nicht aber dem ‚Guía‘ entnommene Sätze zu, in denen sich die schlimmsten Irrtümer des Quietismus finden. Jedoch erlaubt der gegenwärtige Forschungsstand nicht, mit Exaktheit das wirkliche Maß der Schuldhaftigkeit festzustellen. Die Verurteilung rief in Italien [und später auch in Frankreich] eine antimystische Welle hervor, und zahlreiche bis dahin sehr geschätzte Werke wurden indiziert“ [5]; darunter auch der „Kurze und sehr leichte Weg“ der Madame Guyon, und zwar in seiner italienischen Übersetzung.

Das erste Opfer in Frankreich war P. La Combe. Aufgrund seines römischen Aufenthaltes konnte er leicht der Beziehung zu Molinos und damit des Quietismus bezichtigt werden. Der damalige Erzbischof von Paris, de Harlay, dessen Großneffen Madame Guyon die Ehe mit ihrer Tochter Jeanne-Marie versagt hatte, weil er – wie übrigens auch sein Großonkel – einen wenig guten Ruf hatte, erwirkte gegen P. La Combe Haftbefehl. Dieser wird am 3. Oktober 1686 festgenommen und ohne jeden regulären Prozeß bis an sein Lebensende in verschiedenen Gefängnissen in Haft gehalten, unter anderem auch in Lourdes. Er stirbt in völliger geistiger Umnachtung 1715 in der Irrenanstalt Chanteron.

Der Erzbischof erwirkt ebenfalls unter dem Vorwand des Quietismus einen Haftbefehl gegen Madame Guyon, der aber aufgrund ihrer Krankheit erst im Januar 1688 in Kraft treten kann. Vom 29. Januar bis 13. September ist sie in Klosterhaft bei Heimsuchungsschwestern, wo sie anfängt, ihre Autobiographie zu schreiben. Ihre Freunde erreichen über Madame de Maintenon, der erst geheimen, dann öffentlich anerkannten Gemahlin Ludwigs XIV., ihre Freilassung. Madame de Maintenon ist es auch, die Madame Guyon in Saint-Cyr einführt, einem Stift für adelige Damen, wo sie einen überaus starken geistlichen Einfluß gewinnt.

Zur gleichen Zeit, Anfang Oktober 1688, kommt es zur schicksalhaften Begegnung mit Abbé Fénelon, die an Tiefe und Bedeutsamkeit diejenige mit P. La Combe weit übertrifft. Der uns erhaltene, zum Teil in Gedichtform geführte Briefwechsel gibt ein bewegendes, ergreifendes Zeugnis davon[6]. Diese Begegnung mit all ihren Folgen und kaum mehr durchschaubaren Komplikationen aus menschlich-allzumenschlichen Ambitionen und kirchenpolitischem Kalkül, verbunden mit Intrige und Hinterlist, hat Josef Sudbrack in seinem schon angemerkten Aufsatz (vgl. Anm. 2) in einer überzeugenden Zusammenschau dargestellt. Eine solche kurze Zusammenschau erscheint hier um so berechtigter, als sich trotz all der äußeren Wirren im inneren Werdegang der Madame Guyon eigentlich keine neuen Phasen mehr abzeichnen.

Fénelon gegenüber ist sie in erster Linie die Gebende: „Madame Guyon erkannte, daß Fénelon ein suchender Intellektueller war; seine rein verstandliche Frömmigkeit von Saint-Sulpice befriedigte ihn nicht mehr. Sie wurde seine geistliche Führerin. Sie zeigte ihm, daß die vermeintliche geistliche ‚Trockenheit', also Gefühlsleere, kein vorübergehender Zustand war, sondern ein Weg, Gott jenseits von Sentiment zu begegnen. Fénelon begriff und konnte als Theologe diese Lehren Madame Guyons durch intensives Studium patristischer und mittelalterlicher Mystik unterbauen. Langsam ordnete er seinen Weg um Begriffe wie Leerwerden, Zunichte-Werden, Hingabe, Nicht-Schauen usw. Und in der Mitte von alledem fand er die selbstlose, reine Liebe, die nur liebt um des anderen willen, nicht aber wegen Erfahrung oder Liebreiz oder Schönheit usw.

Madame de Maintenon aber wird aus vielen Gründen – sicherlich auch durch Machenschaften von Erzbischof de Harlay – zur Gegnerin von Madame Guyon und damit auch Fénelons. Der Kreis von Saint-Cyr, wo beider Mystik blühte, wird aufgelöst. Gegen Madame Guyon wird der Vorwurf von Häresie erhoben. Der alte Freund Fénelons, Bischof Bossuet, kippt um. Madame de Maintenon gelingt es, Fénelon mit der Verleihung des Bischofsstuhles von Cambrai aus Paris zu entfernen. Ein halbherziger Kompromiß von Issy (1695) schafft nur wenig Ruhe. Politik und Frömmigkeit, cartesianischer Rationalismus und mystische Radikalität, Bossuet und Fénelon stehen gegeneinander.

Ein erster Punkt der Streitigkeiten: ob Mystik, wie Fénelon meint, nur eine Entfaltung christlicher Gnade sei, ist weniger brennend; hier kann Fénelon viele Argumente anführen. Aber der zweite wird zum Verhängnis. Ist der Höhepunkt der mystischen Liebe ohne jedes eigene Interesse, ohne Suchen nach eigenem Glück? Oder darf man die auf den Menschen bezogenen Erfüllungen nicht ausklammern aus der höchsten Gottesliebe? Louis Cognet macht darauf aufmerksam, daß in der Kontroverse der ontologische Gesichtspunkt (wo Liebe zu Gott und eigene Erfüllung untrennbar eins sind) und die psychologische Erfahrung (daß ein Mensch aus Liebe sich selbst vergißt) niemals klar getrennt werden.

Da Bossuet spürt, daß er rein argumentativ nicht siegen kann, intrigiert er. Madame Guyon wird ins Gefängnis geworfen [27. XII. 1695; seit 4. VI. 1698 in der Bastille], und ein literarisch perfektes Werk aus Bossuets Hand verdächtigt zwischen den Zeilen das Verhältnis Guyon–Fénelon. Aber dieser bringt seinen Fall selbst nach Rom. Dort aber sind es unglücklicherweise Jesuiten, die allmählich selbst in Mißkredit bei der Kirche geraten sind, die ihn verteidigen, während Bossuet eine Gruppe von jansenismus-freundlichen Klerikern für sich hat. Man versucht, Fénelon und Molinos innerlich zu verknüpfen.

Der König ergreift für Bossuet Partei. Und trotz des Widerstandes Innozenz' XII. kommt es [12. III. 1699] zu einer vorsichtigen Verurteilung von Sätzen aus dem ‚Explication des Maximes des Saints sur la vie intérieur', mit denen Fénelon Madame Guyon zu verteidigen suchte. Fénelon erkennt die Verurteilung an, aber nicht, daß damit seine eigene Meinung getroffen sei. Er lehrt weiter wie bisher, unterhält weiterhin die Freundschaft mit Madame Guyon, die 1703 aus der Bastille entlassen wird. Fénelon selbst scheint in diesen Intrigen gereift zu sein. Als er 1715 starb, verehrten ihn viele wie einen Heiligen."

In welcher Verfassung aber treffen wir Jeanne-Marie Guyon wieder, als sie am Samstag, den 24. März 1703, nachmittags um vier Uhr, auf einem Tragbett die Bastille verläßt? Die langen Jahre der Haft haben sie geschwächt; durch Krankheiten kam sie mehrfach dem Tode nahe (1699 schon totgesagt); von Angehörigen und Freunden war sie völlig getrennt, auch ihre Kinder durften sie nicht besuchen. (Selbst ein Betschemel mußte seitens des Erzbischofs genehmigt werden.) Trotzdem kann sie am Ende ihrer Autobiographie, die sie im Dezember 1709 zum Abschluß bringt, unter anderem schreiben:

„Ich liebe die Kirche. Alles, was sie verletzt, verletzt auch mich. Ich fürchte mich vor allem, was ihr entgegen ist. Aber ich kann dieser Furcht keinen Namen geben. Es ist wie mit einem Kind, welches an der Brust seiner Mutter liegt und das sich vor einem Ungeheuer sogleich abwendet, um nicht zu erkennen, was es sei" (AÜ 802).

Sie kauft sich in Blois (südwestlich von Orléans) ein Haus, das sie aufgrund ihrer Schwäche kaum verlassen kann und wo sie deshalb jeden Morgen die heilige Messe in ihrer Privatkapelle mitfeiert. Aber hier in der Stille und Abgeschiedenheit (Bischof Bossuet war 1704 gestorben) wird es ihr geschenkt, ihre geistliche Mutterschaft auf wahrhaft ökumenische Weise zu verwirklichen.

II. MUTTER DER INNERLICHEN SEELEN

Unter diesem Ehrentitel wird Jeanne-Marie Guyon durch Wort und Schrift und mehr noch durch ihr Schweigen die mütterliche Seelsorgerin der „Gemeinde der reinen Liebe“, die sich nun fest um sie sammelt: geistig-unsichtbar durch die Jahrhunderte hindurch bis auf unsere Tage, aber zunächst auch als kleine sichtbare Gruppe in Blois. Es handelt sich um Franzosen, die meist Katholiken sind (alle alten Freunde sind ihr treu geblieben), aber auch um Ausländer aus Deutschland, den Niederlanden und Großbritannien, zumal aus Schottland, die meist Protestanten sind. So erfüllte sich ihre Ahnung, unter den Protestanten eine besondere Sendung zu haben. Ihre Haltung ihnen gegenüber ist für jene Zeit bemerkenswert. Wohl überzeugt, daß die römisch-katholische Kirche in sich die einzig wahre Religion ist, aber ebenso überzeugt von der Heilsmöglichkeit des Protestanten, der fromm und guten Glaubens ist, mißtraut sie voreiligen, bloß gefühlsmäßigen Konversionen ohne gründliche Kenntnis der Dinge. Entsprechend berät sie ihre Schüler. Ihr Anliegen ist, die Protestanten ins Innere zu führen, d.h. zu einem Leben des Gebetes, um sie auf diese Weise zu „Kindern des Kleinen Meisters“ werden zu lassen. Gemeint ist das Jesuskind, das sie ja besonders und im Laufe der Jahre immer inniger verehrt. Sie glaubt, daß in der Hingabe an den Gottmenschen sich Katholiken und Protestanten wiederfinden könnten. Darum tut sie alles, um diese Hingabe erwecken zu helfen, nicht zuletzt durch eine riesige Korrespondenz bis hinein in die letzten Monate ihres Lebens, wo sie diktiert, als sie selbst nicht mehr schreiben kann. Ein schottischer Adliger, Andreas Michael Ramsay (1686–1743), der Anfang 1711 in der Umgebung von Fénelon konvertierte und von diesem zu Madame Guyon geschickt wurde, damit er ihr bis zum Tod als Sekretär zur Seite stehe, hat in einem Brief von Mitte Juni 1717 einen Bericht über ihre letzten Stunden hinterlassen: „Sie ist am 9. dieses Monats um halb zwölf in der Nacht gestorben. Sie hatte zu mir am Morgen vor und nach Empfang der heiligen Wegzehrung gesagt, daß sie sich in einem Zustand äußerster Verlassenheit befände. Ich begriff, daß der Kleine Meister sie seinem Zustand am Kreuz gleichgestalten wollte, als er sprach: ‚Mein Gott, mein Gott, warum hast du mich verlassen?‘ Ich sagte ihr das, und sie erwiderte nur diese Worte ganz sanft und voller Hingabe: ‚Mein Gott, du hast mich verlassen.‘ Den übrigen Tag verbrachte sie bis sechs Uhr abends unter großen Schmerzen und Leiden. Dann empfing sie die Letzte Ölung und schien alsbald das Bewußtsein von allem Äußeren zu verlieren. Sie verschied ohne Schmerzen und Anstrengung in tiefem Schweigen und in tiefem Frieden.“ [7] Ihrem Wunsche folgend, bestattete man sie im Kreuzgang des Rekollekten-Klosters zu Blois.

Wie war es möglich, daß Jeanne-Marie Guyon in ihren letzten Lebensjahren eine so starke ökumenische Ausstrahlung bekam? Mit dieser Frage treten wir ein in die eigentliche Wirkungsgeschichte der „Mutter der innerlichen Seelen“, von der wir ebenfalls nur eine Skizze geben können. Sehr wahrscheinlich hat der reformierte Pfarrer Peter Poiret (1646–1719) mit Madame Guyon schon vor deren verschiedenen Inhaftierungen Verbindung gehabt.

Poiret, ein geborener Elsässer, hatte über die „Nachfolge Christi“ des Thomas von Kempen zur Mystik gefunden, zunächst zur deutschen (Tauler und ‚Theologia deutsch‘), dann zur romanischen. Er gab sein Pfarramt auf und lebte die letzten dreißig Jahre seines Lebens wie ein Eremit in der Nähe von Leyden (Holland), um sich nur noch um die Vermittlung der Mystik in den kirchlichen, zumal protestantischen Raum zu bemühen. Sie war für ihn, wie er selbst sagt, „die innwendigste Reformation des Grundes unserer Seele und ist das große Werk in uns, welches dasjenige, so die ganze Welt betrifft, herbeiführen muß. Welches keine Sache ist, die sich so leicht obenhin, noch mit einem äußerlich beschäftigten Geist abtun läßt.“ [8] Vor allem während der Zeit der Gefangenschaft der Madame Guyon versuchte er, ihr in pietistischen Kreisen Anerkennung zu verschaffen. Von 1712 bis 1720 gab er ihr gesamtes Werk in 39 Bänden heraus, und zwar nominell in Köln, in Wirklichkeit aber in Amsterdam. Zuvor – seit 1704 – hatte er schon Einzelausgaben bzw. kleinere Sammlungen veröffentlicht: So liegen unserer neuen Übersetzung des „Moyen court“ die „Opuscules spirituelles“ in der Ausgabe von 1720 zugrunde, einer Sammlung ihrer wichtigsten geistlichen Schriften, mit der einfühlsamen Einleitung von Peter Poiret (Nachdruck: Georg Olms Verlag, Hildesheim 1978). Gerhard Tersteegen (1697–1769), der den größten Teil der Bibliothek von Peter Poiret erbte, schreibt in seinem zweiten Band „Leben heiliger Seelen“ über Peter Poirets Beziehung zu Madame Guyon: „Unter solchen [protestantischen Freunden] ist der seelige Herr Poiret nicht einer der geringsten gewesen, den sie stets mit Hochachtung genannt und an ihn als einen sehr lieben Bruder geschrieben und immer bezeugt hat, daß sie in einer besonderen und innigen Herzensvereinigung mit ihm stehe.“ [9]

Neben Peter Poiret für den französisch sprechenden Bereich ist für Deutschland zunächst Gottfried Arnold (1666–1714) zu nennen, der vor allem in seiner „Historie und Beschreibung der mystischen Theologie“ dem evangelischen Pietismus die romanische Mystik vermittelt. Er bringt auch in einer Sammlung „Ettliche vortreffliche Traktätlein aus der geheimen Gottesgelehrtheit“ – neben anderen Schriften der Madame Guyon und solchen von Bruder Lorenz – die erste und einzige vollständige deutsche Übersetzung des „Moyen court" (1701), die nun, wenn man so will, durch die des vorliegenden Buches abgelöst wird. (Spätere Übersetzungen brachten nur Auszüge.)

Den wohl weitreichendsten Einfluß als Vermittler der Guyonschen geistlichen Lehre und Mystik hatte und hat der eben erwähnte Gerhard Tersteegen, und zwar nicht nur als Übersetzer, sondern sein gesamtes Werk, die Gedichte, Prosaschriften und Briefe, ist geradezu durchtränkt vom Gedankengut der Madame Guyon, wenn auch in der Ausprägung Tersteegens, d.h. als seine eigene Erfahrungswelt[10]. (Tersteegen hat uns übrigens auch eine Auswahlübersetzung des von ihm hochgeschätzten Jean de Bernières-Louvigny hinterlassen: „Das verborgene Leben in Christo".)

Ein anderer Vermittler der Schriften Madame Guyons ist wiederum ein reformierter Pfarrer, nämlich Jean Philippe Dutoit-Membrini (1721–1793) in Lausanne. Ähnlich wie Poiret gab er sein Pfarramt auf, um ganz der Verbreitung der Mystik Madame Guyons zu leben. In vierzig Bänden gab er ihre Werke 1767–1791 in Lausanne heraus. Zusammen mit Johann Friedrich von Fleischbein in Pyrmont gründete er so etwas wie einen Orden zur Verbreitung der geistlichen Lehre Madame Guyons. Noch bevor ihre Schriften als solche ins Deutsche übersetzt wurden, fanden sie auf einem anderen Wege Verbreitung, nämlich durch die Berleburger Bibel, die von 1726–1742 in acht Bänden von Johann Heinrich Haug (gest. 1753) herausgegeben wurde. Es handelt sich um eine Neuübersetzung, die ihre besondere Bedeutung dadurch erhielt, daß ihr, neben einer mehr wörtlichen Erklärung, durch den Grafen Kasimir von Berleburg ein zum Teil aus den Schriften der Madame Guyon gesammelter mystischer Kommentar beigegeben wurde, der, wie es wörtlich heißt, „den inneren Zustand des geistlichen Lebens oder die Wege und Wirkung Gottes in der Seele zu deren Reinigung und Erleuchtung und Vereinigung mit Ihm zu erkennen gibt“ [11].

Das Fortwirken der Madame Guyon wird weiterhin spürbar, um nur einige Beispiele zu nennen, in K. Ph. Moritz’ (1756–1793) Roman „Anton Reiser“, dem ersten deutschen psychologischen Roman, einer Art Selbstbiographie, wo wir Einzelheiten über den Pyrmonter Kreis Fleischbeins erfahren; ferner auch in Jung-Stillings (1740–1817) Roman „Theobald“. Beide Schriftsteller waren übrigens mit Goethe befreundet, der über Susanna Katharina von Klettenberg von Madame Guyon wußte. Jean Paul (1763–1825) läßt in seinem „Titan“ Linda an Albano schreiben: „Ich lese jetzt das Leben der herrlichen Guyon, diese weiß, wie man liebt – dieser göttliche Affekt gegen das Göttliche, dieses Selbstverlieren in Gott, dieses ewige Leben und Bestehen in einer großen Idee – diese wachsende Heiligung durch die Liebe und die wachsende Liebe durch die Heiligung.“ Arthur Schopenhauer (1788–1860) bekennt im vierten Buch seines philosophischen Hauptwerkes „Die Welt als Wille und Vorstellung“: „Vorzüglich aber kann ich, als ein specielles, höchst ausführliches Beispiel und faktische Erläuterung der von mir aufgestellten Begriffe die Autobiographie der Frau von Guion empfehlen, welche schöne und große Seele, deren Andenken mich stets mit Ehrfurcht erfüllt, kennenzulernen... jedem Menschen besserer Art ebenso erfreulich seyn muß.“

Von der Verbreitung der Gedanken Madame Guyons im angelsächsischen Raum, wie es zum Beispiel durch die Quäker oder auch durch John Wesley geschah, kann hier nicht weiter gesprochen werden. Aber die Wirkungsgeschichte der „Mutter der innerlichen Seelen“ geht weiter wie ein unterirdischer Strom, der hin und wieder sichtbar wird bis in unsere Zeit, vor allem in der Schweiz. Diesem Strom ist es zu verdanken, daß ein ganz kleiner Verlag unweit Zürich – der in den Anmerkungen mehrfach erwähnte Verlag „Inneres Leben", Uitikon-Waldegg – alles, was je von ihr ins Deutsche übersetzt wurde (meist im 18. Jahrhundert), herausgibt, und zwar ohne merkantile Absicht, sondern nur als Dienst für die „Mutter der innerlichen Seelen".

III. DER WEG DES INNEREN SCHWEIGENS

Fragen wir uns zunächst: Aus welchen Quellen hat Jeanne-Marie Guyon selbst geschöpft? Wir haben schon einige kennengelernt: Franz von Sales, Johanna Franziska von Chantal, Jean de Bernières-Louvigny und Maria von der Menschwerdung. Weiter sind zu nennen: der Kapuziner Benedikt v. Canfield (1562–1610) mit seiner „Regel der Vollkommenheit", ferner Teresa von Ávila (1515–1582) und Johannes vom Kreuz (1543–1591). Eine besondere Vorliebe hat sie für die hl. Katharina von Genua (1447–1510), mit der sie auch in ihrem Lebensgang einige Ähnlichkeiten aufzuweisen hat. Aus der deutsch-flämischen Mystik kennt sie Texte von Johannes Tauler (nach 1300–1361), Heinrich Seuse (um 1295–1366), Johannes Ruysbroek (1293–1381) und dem Franziskaner Heinrich Herp (nach 1400–1478). Die überlieferte Lehre der Mystik ist der Hintergrund, vor dem sich ihre eigene Erfahrung und die daraus erfließende Unterweisung deutlich abhebt, ohne ein eigentliches System zu ergeben.

Sie schrieb viel und schnell, wie unter einer Inspiration, meist ohne das Geschriebene noch einmal zu lesen oder gar zu überarbeiten, eben weil sie ein Wirken des Heiligen Geistes spürte. Immer ist ihr Wort lebendige Anrede, die geistlich erwecken soll, und daher nicht ohne gelegentliche Übertreibungen und mit zahlreichen Wiederholungen, damit es sich tiefer einzuprägen vermag. Im allgemeinen ist sie gut verständlich und leicht lesbar für jedermann, der ernsthaft nach einem inneren Weg sucht.

Den geistlichen Weg, den sie in ihren Schriften weist, wollen wir nun versuchen nachzugehen, und zwar vor allem anhand der hier neu übersetzten Schrift: „Kurzer und sehr leichter Weg zum Inneren Gebet“. Von deren Entstehungsgeschichte war bereits die Rede. Die 24 Kapitel – diese Zahl ist im Blick auf die Offenbarung des Johannes sinnbildlich zu verstehen – stellen in klarer innerer Folgerichtigkeit den Weg des inneren Schweigens dar. Wir wollen versuchen, ihn unter Heranziehung anderer Schriften von ihr, nicht zuletzt der „Apologie des kurzen und sehr leichten Weges“, die Madame Guyon 1690–1693 verfaßte, noch etwas zu verdeutlichen.

Die Klammer des Ganzen bilden die Vorrede (zusammen mit Kapitel 1) und das Kapitel 23. Die Vorrede und Kapitel 1 sind eine allgemeine Einladung zur Gottesliebe und damit zum Inneren Gebet – wie auch umgekehrt! Das Apostolat der Madame Guyon, zu dem sie sich als „Mutter der innerlichen Seelen“ gerufen weiß, besteht nicht in der Verbreitung irgendeiner Gebets- bzw. Meditationsmethode, sondern ist die Predigt der Gottesliebe, aus der dann gleichsam von selbst die Nächstenliebe erfließen muß. – Kapitel 23 wendet sich dann speziell an die Seelsorger. Die Euphorie dieses Kapitels mag zunächst etwas befremden. Bei genauerem Zusehen müssen wir jedoch feststellen, daß Madame Guyons Worte vielen Gläubigen von heute, vor allem den nach Innerlichkeit suchenden, aus dem Herzen gesprochen sind, zumal hier ein wunder Punkt heutiger Seelsorge berührt wird: Nur der Seelsorger kann das Innere Gebet lehren, der es selbst regelmäßig übt und damit Erfahrung hat...

Auffallend ist, daß Madame Guyon als Adlige besonders die einfachen und ungebildeten Leute im Auge hat (vgl. Kapitel 3). Das ist nicht nur Ausdruck ihrer sozialen Einstellung, die in ihrer Autobiographie mehrfach zutage tritt, sondern ebenso ihres Antiintellektualismus. Ein tiefes Mißtrauen gegenüber dem nur Rationalen erfüllt sie. „Descartes liebe ich überhaupt nicht, ebensowenig das System von Malebranche", schrieb sie gegen Ende ihres Lebens an den Marquis de Fénelon.

Kapitel 2 bis 4 zeigen dann die ersten Schritte auf dem Weg des Inneren Gebetes, dem Weg des inneren Schweigens. In der „Apologie" kennzeichnet sie diese ersten Schritte, die für alle möglich und notwendig sind, als Einübung in das Bewußtsein der Gegenwart Gottes. Es ist nicht von ungefähr, daß den ersten Ausgaben dieser Schrift (auch der Übersetzung von Gottfried Arnold) die Schriften des Karmeliten Bruder Lorenz (1611–1691) gleichsam als Vertiefungsstoff beigegeben sind[12]. Ebenso hilfreich, besonders zu Kapitel 2, sind die Anweisungen aus dem zweiten Teil der „Philothea" des hl. Franz von Sales.

Kapitel 4,3 stellt klar das Motiv heraus, das allein dazu berechtigt, den Weg des inneren Schweigens zu gehen. Die Trockenheiten, von denen dann in Kapitel 5 die Rede ist, sind die erste Bewährungsprobe für die uneigennützige Liebe.

Kapitel 5 bis 11 machen deutlich, welche Grundhaltungen auf dem Weg des inneren Schweigens entwickelt werden müssen: das Aushalten der Trockenheiten (Kap. 5) und das Sich-Gott-Überlassen, das sich daraus ergibt

(Kap. 6), ferner die Leidensfähigkeit (Kap. 7) als Bewährungsprobe und Einübung in die Gelassenheit, wie Madame Guyon es in ihrem Leben selbst so tief erfahren hat.

Das Leiden gibt Anteil an den Mysterien Jesu (Kap. 8). Was ist darunter zu verstehen? Das Mysterium des menschgewordenen Gottessohnes Jesus Christus entfaltet sich in den Mysterien, d. h. in den Stadien seines irdischen Lebensweges, seinen „Ständen", wie Tersteegen und andere das französische „état" übersetzen. Der geistliche Begriff „état" ist vor allem von Kardinal Pierre de Bérulle (1575–1629) entwickelt worden. Er unterscheidet zwischen „état" und „acte":

„Bei Jesus Christus sind ‚Seinszustände' und ‚Handlungen' zu unterscheiden, die einen wie die andern würdig einzigartiger Ehre, aller Aufmerksamkeit und Liebe unserer Herzen. Aber besonders die ‚Seinszustände' sind zu beachten, einerseits, weil sie verschiedenste Regungen und Handlungen in sich schließen, und dann, weil sie in sich und in ihrem Wesen als ‚Zustände' [états; Mysterien] Jesu Christi Gott eine unendliche Huldigung darbieten und von einer besonderen Bedeutung sind für uns Menschen... Wie Gott in seiner Herrlichkeit selbst unser Erbe und Anteil ist, so ist Jesus auch in seinen Seinsweisen, in seinen Mysterien selbst unser Anteil; und indem er uns alles in sich zur Verfügung stellt, will er, daß wir besonderen Anteil an seinen verschiedenen Seinsweisen haben, gemäß den Verschiedenheiten seiner Gnaden-Erwählung für uns und unserer Liebe zu ihm. So teilt er sich selbst seinen Kindern aus, macht sie teilhaftig des Geistes und der Gnade seiner Mysterien, den einen mehr sein Leben, den andern seinen Tod zueignend; den einen seine Kindheit, den andern seine Kraft; den einen sein verborgenes, den andern sein öffentliches Leben; den einen sein inneres, den andern sein äußeres Leben... An ihm ist es, uns den Zuständen, den Geheimnissen seiner Göttlichen Person, so wie er will, zuzueignen, und an uns ist es, uns an sie zu binden." [13]

Wir wissen ja aus dem Leben der Madame Guyon, daß ihr der „Stand“ der Kindheit Jesu besonders teuer war, wie der Schluß der Vorrede hier nochmals bezeugt.

Aus dieser Teilhabe aus den „Ständen“ Jesu erwächst ganz von innen und nicht bloß als äußere Willensübung das Tugendstreben. Die Tugenden werden hier verstanden als die immer wieder in den jeweiligen Augenblick hinein konkret verwirklichten christlichen Grundhaltungen, wie Paulus sie zum Beispiel in Röm 12,9–21, Gal 5,23 und Kol 3,12–15 beschreibt. Da Paulus in diesem Zusammenhang die christlichen Grundhaltungen unchristlichen Verhaltensweisen gegenüberstellt, von denen es sich immer neu zu lösen gilt, wird es verständlich, daß Jeanne-Marie Guyon im Zusammenhang mit den Tugenden auch auf die Abtötungen als Ablösungsprozeß zu sprechen kommt. Sie tut das in einer – auch psychologisch – klugen Weise: „Abtötung als Loslassen und Sich-nach-innen-Wenden“. Freilich übte sie selbst jahrelang eine sehr harte Askese und stellt auch in anderen Schriften konkretere Anforderungen an ihre geistlichen Kinder:

„Die rechte Art, den Leib zu züchtigen, die immer und überall kann beobachtet werden, ist folgende: Aus Liebe Gottes alle Unbequemlichkeiten des Lebens, die uns die Vorsehung zukommen läßt, wie Kälte, Hitze, Schlaflosigkeit, schlechtes Bett, schwache Gesundheit, Unachtsamkeit der Menschen, mit denen man leben muß, Ungeschicklichkeit der Dienstboten, böser Wille der Menschen, ihre stechenden Spöttereien, Verleumdungen, endlich unsere eigenen Fehler und die Mühe, welche wir uns geben, um unsere unordentlichen Leidenschaften zu überwinden, zu leiden und zu dulden.

Die vorteilhafteste Demütigung aber (und auch die schwerste zu ertragen) ist diejenige, die aus unserem eigenen Elend, Fehlern und Sünden entspringt. Wir müssen uns selbst erdulden und ansehen, als besorgten wir aus Liebe zu Gott irgendeinen Aussätzigen, dem wir täglich seine Wunden auswaschen sollen, ohne darüber verdrießlich zu werden, noch Grausen wegen der sehr übelriechenden Geschwüre zu bekommen.

Dein Gebet also, meine liebe Tochter, werde immer durch wahre und ernsthafte Abtötung begleitet. Schmeicheln wir uns ja nicht, denn das Gebet und die Abtötung sind miteinander so wesentlich verbundene Schwestern, daß die eine ohne die andere nicht leben kann. Oft entstehen Trockenheiten im Gebet nur aus Mangel der Abtötung." [14]

Diese Abtötungen hinwiederum sind nichts anderes als eine Weise (neben anderen), der täglichen Umkehr, der Bekehrung und Buße Ausdruck zu verleihen. Dazu verpflichtet uns das Evangelium Jesu Christi! Auch die Umkehr ist für Madame Guyon *Einkehr* mit Hilfe der Gnade, die sie ganz wörtlich als „Anziehungskraft" seitens des inwendig gegenwärtigen Gottes versteht. Dieser vollzieht dann mehr und mehr über alles menschliche Bemühen hinaus die eigentliche Läuterung und Umwandlung und schließlich die Vereinigung mit sich selbst, wie Kapitel 24 als Abschluß der ganzen Schrift eindrucksvoll zeigt.

Diesen Umwandlungs- und Einigungsprozeß stellt Madame Guyon nicht so sehr als Teilhabe an den „Ständen" Jesu dar, sondern mehr als Teilhabe an dem, was den „Ständen" zugrunde liegt, nämlich an der Wirksamkeit des WORTES, des Logos, wie das Johannesevangelium Jesus in seiner ewigen göttlichen Existenzform kennzeichnet (Joh 1,1–18). Auf dieses WORT wird im „Kurzen und sehr leichten Weg" an drei Stellen verwiesen. Zunächst in Kapitel 14, das mit den beiden vorausgehenden Kapiteln 12 und 13 eine Einheit bildet. In diesen drei Kapiteln geht es erneut um die Übung des Schweigens, und zwar eines Schweigens um des WORTES willen, das Gott selbst ist. In Kapitel 20,3 wird dann vom Geist des WORTES, d.h. vom Heiligen Geist gesprochen, während Kapitel 21,5 endlich etwas von der religiösen oder, wenn man so will, theologischen Gesamtschau erahnen läßt, die dem „Weg des inneren Schweigens" zugrunde liegt: die Heimkehr des sich selbst entfremdeten Menschen in sein wahres Wesen. Da wir hier zugleich am Kernpunkt der Lehre Madame Guyons angelangt sind, soll eine zusammenfassende Textauswahl aus einer ihrer geistlichen Reden – in der Übersetzung Gerhard Tersteegens – uns diese Gesamtschau noch einmal vor Augen führen. Sie findet sich in ähnlicher Form noch in anderen Schriften von ihr.

„Es muß Jesus nachgefolgt sein. Dieser göttliche Heiland war in einer immerwährenden Vereinigung mit Gott; so müssen wir uns auf das Gebet des Herzens und auf die Beschauung [Kontemplation] legen und den kürzesten Weg einschlagen, um zu dieser Vereinigung zu gelangen. Dann müssen wir eingehen in die Kleinheit, Vernichtigung und Absterbung, in die Liebe zur Verachtung, in ein verborgenes, gekreuzigtes und entblößtes Leben.

Gott hat uns verordnet, daß wir gleich sein sollten dem Ebenbild seines Sohnes. Hierin besteht das wahre Kennzeichen eines Christen, daß wir nach dem Innern der Leitung des Heiligen Geistes unterworfen sind, der die Seele bewegt und reinigt, und nach dem Äußeren dem Ebenbilde Jesu Christi gleichförmig werden; daß wir seine Stände an uns tragen und teilhaftig sind seiner Leiden und seiner Entblößung. Man muß die Heiligkeit nicht abmessen nach dem, was außerordentlich ist, sondern wir müssen in bezug auf das innere Leben in einer immerwährenden Abhängigkeit von dem Geiste Gottes sein und in Ansehung des Äußeren in der Abgeschiedenheit, im Kreuz, in der Verfolgung, Verachtung und im Leiden uns befinden. Denn wir müssen Christi Ebenbilder sein, gleichwie er das Abbild seines Vaters ist.

Gott schuf alle Dinge für den Menschen; aber den Menschen schuf er für sich. *Gott schuf ihn nach seinem Ebenbilde,* das heißt, er zeichnete in ihm sein Bild ab, nämlich seinen Sohn, das *Wort,* und drückte ihm seinen Geist ein. Er wollte seine Lust, seine Ergötzlichkeit darin haben, daß er bei den Kindern der Menschen wohnte. Nun ist aber sein Sohn der alleinige Gegenstand seines Wohlgefallens, und er kann in nichts anderem, als nur in demselben, sein Wohlgefallen haben... Dies war denn der Endzweck der Schöpfung, daß Gott in allen Menschen Ebenbilder seines Wortes machen wollte, in welchen die Gottheit ausgedrückt war und welche dieselbe darstellen könnten, gleichwie ein reines Spiegelglas den Gegenstand darstellt, den man davor setzt.

Da aber der Mensch durch die Sünde dies schöne Bild verdorben hat, so war der Endzweck der Erlösung, daß Gott, der nicht leiden konnte, daß diese Menschen, in welchen einmal dies Bild eingegraben war, sollten verlorengehen, sein Wort sandte, um dieses Bild wiederherzustellen; denn allein dieses Gott-Wort konnte sich selbst wieder abzeichnen... Je mehr dies *Wort* in einem Menschenleben seinen Ausdruck finden kann, desto mehr ist eine solche Seele heilig...

Man muß [jedoch] bedenken, daß die Sünde in Adam, der nach dem Ebenbild Gottes geschaffen war, nicht nur dies Ebenbild ausgelöscht, sondern auch das ‚Bild' des Teufels in ihm abgezeichnet hat. Damit nun das Ebenbild Gottes in uns erneuert werde, ist es nicht genug, daß man nur den Pinsel brauche; es muß vorher alles weggenommen werden, was vom Teufel da ist, und diese ‚Gestalt' des Teufels ist die Eigenheit. Die Sünde ist der Teufel selbst; seine ‚Gestalt' aber ist die Eigenheit. Wie macht es denn nun Gott? Er vergießt sein Blut, macht davon ein Bad, worin das Bild des Teufels ausgelöscht und Gottes Bild wiederhergestellt wird; und durch dieses heilsame Bad kommt der Mensch in den Stand, in sein Ende wiederkehren zu können. Es muß Gott dann ohne Barmherzigkeit alles wegnehmen und wegreißen, was von der ‚Gestalt' des Teufels im Menschen ist; denn das Bild des *Worts* kann nicht abgezeichnet werden, solange noch etwas von dieser abscheulichen Gestalt übrig ist. Es muß dieselbe mit der Wurzel ausgerottet werden, und das kann nicht anders geschehen als durch ein scharfes Feuer der Reinigung. Wenn aber das geschehen und die Tafel sauber ist, dann kommt das *Wort* und zeichnet das Ebenbild seines Vaters ab, welches er selbst ist.

Diejenigen, welche sich dem inneren Leben widersetzen, verhindern Jesus, daß er nicht in uns sein Ebenbild erneuern kann, dadurch, daß sie die Seele verhindern, in der gebührenden Fassung zu bleiben, in der dieses Bild in ihr könnte wiederhergestellt werden...

Je mehr [aber] die Seele leer und von allen Bildern entblößt ist, um so mehr kann dieses schöne Bild in sie eingeprägt werden; weil sie dann wie ein Spiegelglas ist, welches notwendig dasjenige Bild darstellt, welches man davorhält. Sobald unsere Seele alle Bilder verliert, so findet sie dasjenige Bild in sich eingedrückt, welches ihr bei der Schöpfung gegeben wurde. Dieses Bildnis ist kein anderes als das *Wort,* welches eingedrückt wurde in allen Kreaturen...

Wir sind dazu verordnet, daß wir gleichförmig sein sollen diesem Bilde, und in allem dem, was Gott den Menschen Gutes erweist, hat er keine andere Absicht haben können als nur, daß er sie dadurch bewegen und geschickt machen möchte, dies Bildnis in ihnen wieder erneuern zu lassen. Auf eine sich bewegende Platte oder Tafel kann dasselbe nicht abgemalt, noch in einem verwirrten, hin und her getriebenen Grund eingedrückt werden; es wird dazu eine stille und ruhige Seele erfordert; gleichwie ein ungestümes, trübes Wasser das eigentliche Bild der Sonne nicht in sich aufnehmen kann, sondern nur ein klares und stilles Wasser. Man kann aber das Wasser nicht mit Gewalt klar machen; man würde es dadurch noch mehr trüben; man muß es lassen ruhen, stille werden und sich setzen. Wenn man auch nur den kleinsten Stein in ein stilles Wasser wirft, so wird es trübe gemacht und verliert seine ebene Fläche. Ebenso kann auch eine kleine eigene Wirksamkeit diesen friedsamen Grund trübe machen. Je stärker solche Wirksamkeit ist, desto mehr wird dieser Grund, dieses schöne Wasser, trübe gemacht. Wenn aber nichts mehr ist, das diese schöne Sonne verhindert, sich in uns abzubilden, dann dürfen wir nichts mehr fürchten, sondern sagen mit vollem Vertrauen: Herr, siehe an das Angesicht deines Christus; siehe, wie es nach dem Leben dargestellt ist;. alle Züge sind darin zu erkennen...

Wir wollen also dieses Bild in uns herstellen lassen und glauben, daß wir unserem Gott keine größere Schmach antun können, als wenn wir verhindern, daß dieses Bild in uns oder in anderen neu gebildet werde.“ [15]

Diese geistliche Rede erweist die Mystik der Madame Guyon als Logos-Mystik und stellt sie damit in die große

Tradition der Logos- und Trinitäts-Mystik, die von Origenes (um 185–um 254) bis hin zur sel. Maria von der Menschwerdung reicht. Dabei hat diese Mystik bei Madame Guyon eine ganz eigene Ausprägung, wie wir noch sehen werden. Freilich zeigt ein Vergleich vor allem mit der ostkirchlichen Logos-Mystik – beispielsweise Maximus' des Bekenners (580–662) – die Grenzen der Logos-Mystik Jeanne-Marie Guyons. Der kleine Satz ihrer Rede nämlich „Dieses Bildnis ist kein anderes als das Wort, welches eingedrückt wurde in alle Kreaturen" findet bei ihr keine weitere Entfaltung: nämlich daß das Wort als das gemeinsame Urbild uns aus der Tiefe jeglicher Schöpfung anschaut und anspricht, wodurch die Schöpfung als solche – die Natur – einen ganz eigenen Stellenwert auf dem mystischen Erfahrungsweg bekommt[16].

In der angeführten Rede klingen im übrigen zwei Begriffe aus dem „Kurzen Weg" an, die für die mystische Wandlung von besonderer Wichtigkeit sind, nämlich Eigenheit bzw. Eigenmächtigkeit (proprieté) und Vernichtigung bzw. Zunichtewerden. Beide Begriffe sind einander zugeordnet. In ihrer „Apologie" versucht Jeanne-Marie Guyon die Eigenheit näher zu bestimmen. Für uns Heutige formuliert, ist Eigenheit bzw. Eigenmächtigkeit die Haltung des Sich-selbst-Besitzens, der Selbstbehauptung, das „Mein"- und „Ich"-Sagen in seinen ganz subtilen, sicherlich auch gut gemeinten Formen. Dieses Ego-Ich ist so unendlich schwer zu entlarven und noch schwerer zu überwinden bzw. zu vernichten und somit endgültig zum Schweigen zu bringen, daß gelegentlich vom „Selbsthaß" gegenüber diesem Ego-Ich die Rede ist. Die Vernichtigung bzw. das Zunichtewerden bedeutet ja letztlich „nur" das Innewerden und die volle Bejahung dessen, was „Ich" bin, nämlich nichts, während Gott alles ist. Diese Bejahung und Einwilligung beschreibt Madame Guyon in Kapitel 20,3 als „Wandlung“, „Transsubstantiation“. Nikolaus von der Flüe sagt dafür ganz schlicht: „Mein Herr und mein Gott, nimm mich mir und gib mich ganz zu eigen dir.“ Die Erfahrung der Dialektik des „alles und nichts“ hat schon vor Madame Guyon bei Johannes vom Kreuz ihre klare Ausformung gefunden. Ebenso die Beschreibung des Weges dorthin als Erfahrung der „dunklen Nacht“, die auch Jeanne-Marie Guyon nur zu gut kennt; sie berichtet davon auf ihre Weise in den „Geistlichen Strömen“.

Hier im „Kurzen und sehr leichten Weg“ beschreiben Kapitel 20 und 24 bildkräftig die Läuterung und das Zunichtewerden. Daß aber Läuterung und Vernichtigung nur die Voraussetzung schaffen sollen für die Erfahrung der Auferstehung hier und jetzt, zeigt Madame Guyon wiederum sehr eindrucksvoll in den „Geistlichen Strömen“.

Die angedeutete Umwandlung des Menschen auf dem Weg des inneren Schweigens führt aber auch zu einer Umwandlung bestimmter geistlicher Vollzüge. Das wird in Kapitel 15 bis 19 beschrieben. Gegenüber verschiedenen Einwänden betont Madame Guyon in ihrer „Apologie“ ausdrücklich, daß es sich hier um die Erfahrung von Christen handelt, die im geistlichen Leben weit fortgeschritten sind.

Kapitel 22 ist selbst eine Art Apologie, d.h. eine Verteidigung gegenüber dem Vorwurf der Untätigkeit im Gebet. Was ich in der Versunkenheit, im schweigenden Gebet „tue“, ist jedoch nicht nur ein Problem in der christlichen Überlieferung, sondern wird auch in den außerchristlichen Meditationswegen erörtert. Der Arzt, Psychologe und Philosoph Carl Albrecht (1902–1965) gibt in seinem Buch „Psychologie des mystischen Bewußtseins“ wichtige Hilfen zum Verständnis von Kapitel 22. Hier sei als Beispiel nur seine Definition der Begriffe

„Versenkung", „Versenkungsbewußtsein" und „Versunkenheit" zitiert: „Die Versenkung ist ein aus sich selbst ablaufender psychischer Vorgang, der durch einen vorlaufenden Willensentschluß durchgängig determiniert ist und dessen kennzeichnendes Merkmal die Desintegrierung des Wachbewußtseins und die Neuintegrierung des Versunkenheitsbewußtseins ist.

Mit dem Begriff Versenkungsbewußtsein bezeichnen wir Bewußtseinszustände, welche durch den Vorgang der Versenkung determiniert sind und welche ein Bewußtseinsgefüge haben, das als eine Übergangserscheinung zwischen Wachbewußtsein und Versunkenheitsbewußtsein aufzufassen ist. Dem Versenkungsbewußtsein sind die folgenden spezifischen Funktionen zugeordnet: die Abblendung der Umwelt, die Ausgliederung, Auflösung und auflösende Meditation von komplexen Störungserlebnissen, die durch Umwandlung oder Umfügung bewirkte Einschmelzung und Einfügung aller Inhalte und Vorgänge in die einheitliche Grundgestimmtheit der Ruhe.

Die Versunkenheit ist ein voll integrierter, einheitlich und einfach gefügter, überklarer und entleerter Bewußtseinszustand, dessen Erlebnisstrom verlangsamt ist, dessen Grundgestimmtheit die Ruhe ist und dem als einzige Funktion eines nur noch passiv erlebenden Ichs die Innenschau zugeordnet ist."[17]

Bleiben abschließend zwei Fragen zu beantworten, die wahrscheinlich gestellt werden: Finden sich im Gesamtwerk der Madame Guyon noch konkretere Anweisungen für die Übung des inneren Schweigens? Und: Wie steht es um die kirchliche bzw. soziale Dimension dieses Weges?

1. Da es die Methode von Madame Guyon ist, keine Methode zu haben, so finden sich außer den mit dieser Schrift gegebenen keine weiteren verbindlichen Anwei-

sungen. Sie schreibt für das Gebet keine bestimmte Körperhaltung vor. Sie selbst hat vermutlich mit geschlossenen Augen gekniet; nicht umsonst erbat sie in der Bastille einen Betschemel. Was die Zeit anbetrifft, so überläßt sie es den Möglichkeiten des einzelnen, sich entweder eine ganze, eine halbe, eine viertel Stunde oder auch nur eine halbe Viertelstunde zu versenken, freilich mit der Empfehlung solches zwei- bis dreimal am Tage zu tun und sich überhaupt innerlich stets gesammelt zu halten. Besonders schätzt sie das innere Gebet um Mitternacht. Sie empfiehlt eine regelmäßige Tagesordnung (rechtzeitiges Schlafengehen und Aufstehen), in der die geistliche Lesung (besonders der „Nachfolge Christi" und der Werke des hl. Franz von Sales) einen festen Platz hat, vor allem aber das Lesen der Heiligen Schrift! Gerade das beschauliche Verweilen bei kurzen Abschnitten im Neuen Testament läßt die „Stände" Jesu sich dem Inneren einprägen, womit letztlich die Prägung, d.h. die Wiederherstellung und Erneuerung durch das Wort im schweigenden Sichversenken ermöglicht wird.

2. Die kirchliche Dimension erscheint bei Madame Guyon als Dimension der Innerlichkeit und Einheit. In Kapitel 21,5 wird deutlich, daß das Geschehen des Inneren Gebetes als Wirkung des Geistes in der Kirche vorgegeben ist, woran die einzelnen Glieder teilhaben, ja teilhaben müssen. Daß solche Teilhabe die schweigende Kommunikation ermöglicht, erfuhr sie selbst in der Begegnung mit P. La Combe. Diese schweigende Kommunikation im Wort sieht sie an anderer Stelle ihrer Autobiographie als das Urgeschehen in der Kirche, nämlich wie von Maria her die im Wort empfangene Fülle (plénitude, Pleroma) wie aus einer überfließenden Schale, in gleichsam hierarchischer Ordnung hinabströmt zu den Engeln und Heiligen und weiter zu den gläubigen Seelen hier auf Erden je nach ihrer Fassungs-

kraft: „In diesem Sinn ist die göttliche Eva [Maria] die Mutter aller Lebenden. Denn von ihrer Fülle wird in die Seelen all derer, die durch die Gnade leben werden, mehr oder weniger ausfließen, je nachdem die Herzen mehr oder weniger bereitet, hingegeben und weit geworden sind, so daß sie von dieser Fülle und diesem Überfluß empfangen können. Groß und weit muß die Seele sein, damit sie viel empfängt und ausreichend, um anderen davon zu schenken. Diejenigen, die durch die Sünde tot sind, empfangen nichts von dieser Lebensfülle. Sie sind deshalb tot, weil alle Zugänge, durch welche das Leben in sie einfließen könnte, versperrt sind. Die Seelen aber, die in der Liebe leben, empfangen aus dieser Fülle entsprechend der Reinheit und Weite ihrer Seele" (AÜ 502).

Ein solches Geschehen bzw. Erfahren bewirkt unter anderem – nach einem Zitat der Madame Guyon, das uns eines ihrer geistlichen Kinder, der Marquis de Marsay (1688–1753), Lehrer des im vorhergehenden Kapitel erwähnten Johann Friedrich von Fleischbein, überliefert hat –: „daß eine Zeit kommt, da Gott einer inneren Seele alles Äußerliche so lebendig und kräftig macht, daß sie innerlich das Wesen empfängt von dem, was sie äußerlich hört und was der äußerliche Gottesdienst der Kirchen vorstellt"[18]. Der Weg vom Inneren zum Äußeren (und damit ebenso vom Äußeren zum Inneren) ist auch der Weg zur Einheit der Christen und zum segenstiftenden Wirken in der Welt. Dazu schreibt sie in einer ihrer geistlichen Reden:

„Manche, die Einheit [der Christen] eifrig suchende Personen haben geglaubt, es sei leicht, diesen großen, in so viele Teile getrennten Körper äußerlich zu vereinigen; sie haben mit vieler Mühe daran gearbeitet, ohne viel Erfolg, mangels ihrer Erkenntnis, daß diese Vereinigung nur durch das Innere geschehen kann. Die Vereinigung der Seele mit Gott, welche nur durch das Gebet, den innern Christus, die Barmherzigkeit bewerkstelligt wird, vereinigt alle Dinge untereinander; denn diese einigende Liebe, welche die Seele mit ihrem Urgrund vereinigt, einigt auch alle jene miteinander, die gleicherweise von dieser vereinigenden Liebe erfüllt sind. Wenn wir alle wahrhaft innerlich wären, so wären wir auch untereinander durch jene Einheit vollkommen in Eins verbunden, die Jesus Christus für alle Christen vom Vater verlangte, als er sagte: ‚Auf daß sie alle eins seien, gleich wie du, Vater, in mir und ich in dir.‘

Das Mittel also, um vereinigt zu sein und zu sehen, wie ‚erneuert wird die Gestalt der Erde‘, ist, fest an der Umgestaltung unsres Innern zu arbeiten, indem wir den alten Menschen ausziehen und uns völlig enteignen, was durch eifriges Gebet und die Übung geschieht, uns in Gottes Gegenwart zu fühlen. Dieses aber ist den Beschäftigungen nicht entgegen, die ja auf Gottes Befehl geschehen und an sich nicht sündhaft sind.

Daß so wenige sich dem innern Leben hingegeben haben, liegt darin, daß sie irrigerweise überzeugt waren, man müsse jede andre Beschäftigung aufgeben, um sich dem Innern hinzugeben. Es gibt aber keine Beschäftigung, die ihm entgegen sei. Johannes der Täufer riet einem jeden, sich in seinem Stande zu vervollkommnen (vgl. Lk 3, 10–14)...

Es ist also nicht nötig, weder seine Geschäfte noch die Welt zu verlassen, um innerlich zu sein. Allein man muß trachten, das Innere in die Welt auszugießen, man muß durch ein allgemeines Losgelöstsein von der verderbten Welt geschieden sein, und das ist es, was uns das innere Leben gibt. Wie viele gibt es doch in den Klöstern, die von Weltliebe ergriffen sind und die sogar mehr an ihr hängen, als die mitten in der Welt leben...

Wer innerlich ist und trachtet, Gott gegenwärtig in sich zu tragen, nimmt diese Gottesgegenwart überall mit sich und, einzig an diese Sache geknüpft, erscheint ihm alles übrige so klein, so fade, daß er nur Widerwillen dagegen empfindet. Diese Gottesgegenwart macht, daß ein jeder die Pflichten seines Amtes in Vollkommenheit erfüllt, da Gott die in sich geordnete und ihm immer angehörende Seele alles auf das beste vollenden macht... Arbeiten wir also daran, innerlich zu werden, vermitteln wir diesen Geist unsern Brüdern, so viel es uns möglich ist, und wir werden das Angesicht der Erde sich erneuern sehen.“ [19]

Der letztzitierte Text zeigt, daß Jeanne-Marie Guyon mit ihrem Weg des inneren Schweigens als einem Weg mitten in der Welt ihrem ersten geistlichen Impuls, der ihr mit dreizehn Jahren durch die „Philothea" des hl. Franz von Sales zuteil wurde, treu geblieben ist. Sie hat ihn nur radikal vereinfacht und verinnerlicht. Das war wohl neben anderem auch das „Anstößige" des geistlichen Anstoßes, den sie vermitteln wollte, daß sie als Witwe nicht ins Kloster ging wie Frau von Chantal und Maria von der Menschwerdung, sondern sich in der Kirche ihrer Zeit völlig frei – im besten Sinn charismatisch – zum Apostolat des Inneren Gebets und damit zur hörbaren wie auch schweigenden Predigt der Gottesliebe gerufen fühlte, und zwar gleicherweise unter Bischöfen, Priestern, Ordensleuten und Laien. Dieser ihr geistlicher Dienst als „Mutter der innerlichen Seelen" könnte in unserer Zeit eine ganz neue Bedeutung gewinnen angesichts der vielen, die heute nach einem spirituellen Weg suchen. Wir wissen von der Anziehungskraft der außerchristlichen Wege. Wir wissen, wie die Deutsche Mystik des Mittelalters – vor allem Meister Eckhart –, dann aber auch die „Wolke des Nichtwissens" gern als Gegenüber und Entsprechung zu den östlichen Wegen herausgestellt werden, ebenso auch die Übung des Jesus-Gebets. Aber das christliche Erbe an spiritueller Unterweisung ist noch sehr viel reicher, auch im Abendland. Der „Kurze und sehr leichte Weg zum Inneren Gebet" der Jeanne-Marie Guyon, den wir im folgenden in vollständiger Übersetzung bringen, wie auch ihre geistliche Lehre als Ganzes, die nur im Rahmen des „goldenen Zeitalters" der französischen Mystik richtig gewürdigt werden kann, mögen das bezeugen. Hans Urs von Balthasar nennt Jeanne-Marie Guyon unter den Großen der christlichen Spiritualität des Abendlandes [20]. Louis Cognet, dessen umfangreichem Artikel „Guyon" im „Dictionnaire de Spiritualité" diese Arbeit Entscheidendes verdankt, sagt abschließend: „Ohne den Gehalt der Guyonschen Spiritualität voll auszuschöpfen, genügen diese wenigen Bemerkungen, um zu zeigen, wie tief sie in unsere mystische Tradition eingefügt ist. Wie schon Fénelon feststellte, muß man gewissen Ungenauigkeiten des Ausdrucks, die einem hier und da begegnen und die durch den Kontext zurechtgerückt werden, mit Nachsicht begegnen. Ohne die Kontroversen, die ihr Leben so schmerzhaft überschatteten, würden wir sie ... unter die guten geistlichen Schriftsteller unserer klassischen Zeit einreihen."

ANMERKUNGEN

[1] Wir zitieren hier – unter Berücksichtigung der jüngsten französischen Ausgabe „La vie de Madame Guyon écrite par elle-même", Paris 1983 – sowohl nach der alten Übersetzung von 1727, Nachdruck Uitikon-Waldegg 1980 (Abkürzung AÜ), als auch nach der stark gekürzten neueren, im Herold-Verlag Frankfurt/Main o. J. erschienenen (Abkürzung NÜ).

[2] Für einen ersten Überblick vgl. J. Sudbrack, Das goldene Zeitalter der französischen Mystik, Glanz und Elend einer Epoche, in: W. Böhme (Hrsg.), Christus in uns, Mystische Strömungen von Angelus Silesius bis Tersteegen, Herrenalber Texte 46, Karlsruhe 1983, 31–52.

[3] Vgl. deren Autobiographie „Zeugnis bin ich dir", Stein am Rhein [2]1981, 135ff.

[4] Deutsche Ausgabe: Madame J. M. B. de la Mothe Guyon, Die geistlichen Ströme, Edel-Taschenbuch 47, Marburg [4]1978.

[5] L. Cognet, Artikel „Quietismus" in: Lexikon für Theologie und Kirche 8, Freiburg [2]1963.

[6] Madame Guyon et Fénelon, La Correspondance secrète, Paris 1982. – Für ein erstes Kennenlernen Fénelons sei genannt: F. Fénelon – M. Claudius, Allgemeine Anleitung, um den innerlichen Frieden zu haben, Brockhaus-Taschenbuch 353, Wuppertal 1984.

[7] Nach L. Cognet, Artikel „Guyon" in: Dictionnaire de Spiritualité.

[8] Nach W. Nigg, Heimliche Weisheit, Zürich/Stuttgart 1959, 318.

[9] G. Tersteegen, Leben heiliger Seelen, Bd. 2, Verlag „Inneres Leben", Uitikon-Waldegg 1984, 5.

[10] Vgl. Giovanna della Croce, Gerhard Tersteegen. Neubelebung der Mystik als Ansatz einer kommenden Spiritualität, Bern/Frankfurt a. M./Las Vegas 1979, 120 ff. Um anhand einer Textauswahl selbst Einblick zu gewinnen, sei verwiesen auf: G. Tersteegen, Wir sind hier fremde Gäste, Brockhaus-Taschenbuch 292, Wuppertal 1980; und: G. Tersteegen, Wider die Melancholie, Brockhaus-Taschenbuch 373, Wuppertal 1985.

[11] Nachdruck des Neuen Testamentes der Berleburger Bibel im Verlag „Inneres Leben", Zürcher Str. 120, CH-8142 Uitikon-Waldegg.

[12] Bruder Lorenz, Allzeit in Gottes Gegenwart. Briefe – Gespräche – Schriften. Mit der Lebensbeschreibung von G. Tersteegen, Metzingen 1984.

[13] Zitiert nach: H. Bremond, Theologie und Heiligkeit, Regensburg 1962, 134 und 139. Vgl. auch Anm. 2.

[14] „Christliche Unterweisung einer Mutter an ihre Tochter" in: Madame Guyon, Geistliche Reden, Uitikon-Waldegg, 1981, 541 f.

[15] Aus: Frau von Guyon, Die heilige Liebe Gottes, Harfe-Verlag, CH-4663 Aarburg o. J., 187 ff.

[16] Vgl. K. Ware, Der Aufstieg zu Gott, Freiburg 1984, 159 ff.

[17] C. Albrecht, Psychologie des mystischen Bewußtseins, Mainz 1976, 105 f.

[18] Zitiert nach: M. Eckhardt, Der Einfluß der Madame Guyon auf die Norddeutsche Laienwelt im 18. Jahrhundert, Barmen 1928, 41.

[19] Aus: Madame Guyon, Zwölf geistliche Gespräche, Aus dem Französischen übertragen und mit Einführung von N. Hoffmann, Jena 1911, 144 ff.

[20] H. U. von Balthasar, Verbum Caro, Skizzen zur Theologie I, Einsiedeln 1960, 230.

JEANNE-MARIE GUYON

KURZER UND SEHR LEICHTER WEG ZUM INNEREN GEBET

DEN ALLE OHNE BESONDERE SCHWIERIGKEIT GEHEN KÖNNEN UND AUF DEM SIE IN KURZER ZEIT SEHR WEIT KOMMEN WERDEN

VORREDE

Es lag nicht in meiner Absicht, dieses kleine Werk zu veröffentlichen, das ich in großer Einfachheit verfaßt habe. Es war für einige wenige geschrieben, die Gott aus ganzem Herzen lieben wollten. Aber eine ganze Reihe von Leuten fragte nach Abschriften, weil ihnen das Lesen dieser kleinen Abhandlung Nutzen gebracht hatte, und so wünschten sie die Drucklegung zu ihrem eigenen Gebrauch, ohne eine andere Absicht.

Der Text wurde in seiner ursprünglichen Einfachheit belassen. Das Verhalten von niemandem wird darin verurteilt, im Gegenteil, das aller anderen wird geachtet. Zudem unterwerfe ich alles, was die Schrift enthält, dem Urteil der Leute, die Erfahrung haben oder Gelehrsamkeit besitzen. Ich bitte nur die einen wie die anderen, nicht an der Oberfläche hängenzubleiben, sondern zum Anliegen der Verfasserin vorzudringen. Und das ist kein anderes, als jedermann dahin zu führen, Gott zu lieben und ihm mit mehr Einwilligung und Erfolg zu dienen. Man kann das auf eine einfache und leichte Weise; sie ist auch für die Kleinen geeignet, die nicht zu außerordentlichen Dingen befähigt sind und auch nicht zu hochgeistigen, die sich aber Gott wirklich hingeben wollen.

Ich bitte diejenigen, die diese Schrift lesen, unvoreingenommen zu lesen. Sie werden hinter den so alltäglichen Ausdrücken eine verborgene Salbung entdecken, die sie dazu bringen wird, nach einem Glück zu suchen, von dem alle hoffen sollten, es zu besitzen.

Ich gebrauche das Wort „Leichtigkeit", und damit soll gesagt sein, daß die Vollendung leicht ist, weil es leicht ist, Gott zu finden, wenn man ihn im eigenen Inneren sucht.

Man könnte dagegen folgendes Wort anführen: „Ihr werdet mich suchen, und ihr werdet mich nicht finden" (Joh 7,34). Es muß aber nicht schwierig sein, denn derselbe Gott, der sich nicht selbst widersprechen kann, hat auch gesagt: „Wer sucht, der findet" (Mt 7,7). Wer Gott sucht, ohne von der Sünde lassen zu wollen, der findet ihn nicht, weil er ihn da sucht, wo er nicht ist. Deshalb ist auch hinzugefügt: „Ihr werdet in eurer Sünde sterben." Aber derjenige, der sich ernsthaft Mühe geben will, ihn in seinem Herzen zu finden, wird ihn unfehlbar finden, wenn er aufrichtig von der Sünde läßt, um sich ihm zu nähern.

Viele Leute haben sich die Hingabe an Gott so schrecklich vorgestellt, das Innere Gebet so außergewöhnlich, daß sie sich gar nicht ernstlich darum bemühten. Sie hatten ja keine Hoffnung, zum Ziel zu kommen. Die Schwierigkeit, die man sich bei einer Sache vorstellt, raubt jegliche Hoffnung, daß dieses Vorhaben jemals glücken könnte, und zugleich vertreibt sie das Verlangen, es überhaupt anzugehen. Wenn man sich aber vor Augen hält, daß eine Sache aussichtsreich und leicht zu erreichen ist, dann geht man mit Freude daran und bleibt unverdrossen dabei. Das hat mich veranlaßt, den Vorteil und die Leichtigkeit dieses Weges aufzuzeigen.

Wenn wir nur überzeugt wären von der Güte Gottes seinen armen Geschöpfen gegenüber, von seinem Verlangen, sich ihnen mitzuteilen! Man würde nichts Ungeheuerliches daraus machen und nicht so leicht die Hoffnung aufgeben, ein Gut zu erlangen, das er uns so gerne geben will.

Könnte er uns irgendetwas verweigern, nachdem „er uns seinen einzigen Sohn gegeben hat und ihn selbst für uns dem Tod ausgeliefert hat" (Röm 8,32)? Ganz sicher nicht. Es braucht nur ein wenig Mut und Ausdauer. Man bringt so viel für kleine weltliche Interessen auf und gar nichts für „das einzig Notwendige" (Lk 10,42).

Diejenigen, die es kaum für möglich halten können, daß es leicht sei, Gott auf diesem Weg zu finden, sollen nicht glauben, was ich ihnen sage. Sie sollen vielmehr einen Versuch machen und dann selbst ein Urteil fällen. Sie werden sehen, daß ich ihnen im Vergleich zu dem, was wirklich daran ist, wenig gesagt habe.

Lieber Leser, lies dieses kleine Werk mit einfachem und aufrechtem Herzen, mit einem schlichten, aufnahmebereiten Verstand, ohne es im einzelnen allzu mißtrauisch zu prüfen. Du wirst sehen, daß du damit gut zurecht kommst. Nimm es in demselben Geist entgegen, in dem ich es dir gebe; er will nichts anderes, als dich ganz und vorbehaltlos zu Gott zu bringen. Es geht nicht darum, irgendetwas groß herauszustellen oder zu Ansehen zu bringen. Ich möchte vielmehr die Einfachen und die Kleinen dazu ermutigen, zu ihrem Vater zu gehen, der ihr schlichtes Vertrauen liebt und dem Mißtrauen mißfällt. Suche hier nur die Liebe zu Gott, und habe den aufrichtigen Wunsch, dein Heil zu finden, und du wirst es sicher finden, wenn du dieser kleinen „Methode ohne Methode" folgst.

Es geht mir nicht darum, meine Meinung über die von anderen zu stellen; ich spreche nur ganz offen von der Erfahrung, die ich sowohl selbst gemacht als auch bei anderen beobachtet habe, und von dem Nutzen, der darin liegt, wenn man sich dieser einfachen, ungekünstelten Weise bedient, um zu Gott zu gelangen.

Wenn ich von vielen, für wichtig gehaltenen Dingen nicht rede, sondern nur von dem kurzen und sehr leichten Weg zum Inneren Gebet, so liegt der Grund darin, daß die Schrift eben deshalb entstanden ist und von nichts anderem sprechen kann. Wenn man sie in demselben Geist liest, in dem sie geschrieben wurde, wird man nichts Schockierendes darin finden. Man wird der Wahrheit, die darin enthalten ist, noch gewisser werden, wenn man selber damit Erfahrung gewinnt.

Du, heiliges Kind Jesus, das du die Einfachheit und Unschuld liebst, „das seine Freude daran hat, mit den Kindern unter den Menschen zu sein" (Spr 8,31), das heißt, mit denjenigen Menschen, die gerne „wie die Kinder sein" wollen (Mt 18,3), gib du diesem kleinen Werk Preis und Wert, indem du es in das Herz eindrückst. Bringe jene, die es lesen, dazu, dich in ihrem Inneren zu suchen, wo du wie in einer Krippe ruhst und darauf wartest, die Zeichen ihrer Liebe zu erhalten und ihnen den Beweis der deinen zu geben. Sie berauben sich dieser Güter aus eigener Schuld. Es ist dein Werk, göttliches Kind, ungeschaffene Liebe, schweigendes Wort, dich lieben, verkosten und vernehmen zu lassen. Du kannst es, ich wage zu sagen: du mußt es durch dieses kleine Werk, das ganz dir gehört, ganz von dir und ganz durch dich ist.

I. ALLE KÖNNEN DAS INNERE GEBET ÜBEN

1

Alle sind geeignet für das Innere Gebet. Es ist ein großes Unglück, daß fast jedermann sich in den Kopf setzt, nicht zum Inneren Gebet berufen zu sein. Wir alle sind zum Inneren Gebet berufen, so wie wir alle zum Heil berufen sind.

Das Gebet ist nichts anderes als die Hinwendung des Herzens zu Gott, die innere Übung der Liebe. Paulus mahnt uns, ohne Unterlaß zu beten (1 Thess 5, 17). Jesus Christus spricht: „Was ich euch sage, sage ich allen: Wachet und betet" (vgl. Mk 13, 33.37). Also können alle das Innere Gebet üben, und alle sollen es tun.

Aber ich gebe zu, daß nicht alle das betrachtende Gebet vollziehen können; nur wenige sind dafür begabt. Es ist auch nicht diese Form des Betens, die Gott verlangt und die ich von euch wünsche.

2

Meine Lieben: Wer ihr auch seid, die ihr das Heil sucht, kommt alle zum Inneren Gebet! Ihr müßt vom Gebet leben, wie ihr von der Liebe leben müßt. „Ich rate dir: Kaufe von mir Gold, das im Feuer geläutert ist, damit du reich wirst" (Offb 3, 18). Es ist für euch sehr leicht, es zu erhalten, leichter, als ihr euch vorstellen könnt.

„Komm! Wer durstig ist, der komme. Wer will, empfange umsonst das Wasser des Lebens" (Offb 22, 17). „Gebt euch nicht damit ab, Brunnen mit Rissen zu graben, die das Wasser nicht halten" (Jer 2, 13). Kommt, ihr hungernden Herzen, die ihr nichts findet, was euch zufriedenstellt, und ihr werdet ganz und gar satt werden. Kommt, ihr Bedrängten, die ihr mit Schmerzen und Nöten belastet seid, und ihr werdet Erleichterung finden.

Kommt, ihr Kranken, zu eurem Arzt, und scheut euch nicht, ihn anzusprechen, weil ihr von Krankheiten geplagt seid: Breitet vor ihm euer Elend aus, und es wird euch leichter werden.

Kommt, ihr Kinder, zu eurem Vater: Er wird euch mit liebevollen Armen aufnehmen. Kommt, ihr armen, irrenden und verstörten Schafe, kommt her zu eurem Hirten. Kommt, ihr Sünder, zu eurem Retter. Kommt, ihr Unwissenden und Ungebildeten; ihr seid alle geeignet für das Innere Gebet. Ihr, die ihr glaubt, dazu nicht in der Lage zu sein, gerade ihr seid dafür besonders geeignet. Kommt alle ohne Ausnahme, Jesus Christus ruft euch alle.

Jene, die kein Herz haben, sollen nicht kommen. Sie sind davon entbunden, denn um zu lieben, braucht man ein Herz. Aber wer ist ohne Herz? Kommt und gebt Gott dieses Herz! Hier könnt ihr lernen, wie man es macht.

3

Alle, die innerlich beten wollen, können das ohne Mühe mit Hilfe der Gnade sowie der Gaben des Heiligen Geistes, die allen Christen gemeinsam sind.

Das Innere Gebet ist der Schlüssel zur Vollkommenheit und zum höchsten Glück. Es ist eine wirksame Hilfe, uns von allen Fehlern zu reinigen und mit allen guten Eigenschaften auszustatten; denn der beste Weg, vollkommen zu werden, ist: in der Gegenwart Gottes zu gehen. Er sagt es uns selbst: „Geh deinen Weg vor meinem Angesicht, und sei vollkommen" (Gen 17, 1). Das Innere Gebet allein vermag euch diese Gegenwart zu vermitteln, und zwar beständig.

4

Es geht also darum, ein Beten zu erlernen, das zu jeder Zeit geschehen kann, das von äußeren Beschäftigungen nicht abbringt, das Prinzen, Könige, Prälaten, Priester,

Beamte, Soldaten, Kinder, Handwerker, Arbeiter, Hausfrauen und Kranke ausüben können. Es ist kein Beten mit dem Kopf, es ist ein Beten mit dem Herzen.

Es ist kein bloß gedankliches Gebet, denn das Denken des Menschen ist so begrenzt, daß er, wenn er an das eine denkt, nicht an etwas anderes denken kann. Das Gebet des Herzens aber wird von all den Tätigkeiten des Verstandes nicht unterbrochen.

Nichts kann das Gebet des Herzens unterbrechen, außer ungeordnete Neigungen. Sobald man einmal Gott und die Süße seiner Liebe gekostet hat, ist es unmöglich, an etwas anderem Gefallen zu finden als an ihm.

5

Nichts ist leichter, als Gott zu haben und zu verkosten. Er ist mehr in uns als wir selbst. Es verlangt ihn mehr, sich uns zu geben, als uns, ihn zu besitzen. Es bedarf nur eines Weges, ihn zu suchen, der so leicht und so selbstverständlich ist, daß die Luft, die man atmet, nicht selbstverständlicher ist.

Die ihr schwerfällig seid, die ihr glaubt, zu nichts begabt zu sein, ihr könnt vom Inneren Gebet und von Gott ebenso leicht und dauernd leben, wie ihr von der Luft lebt, die ihr atmet. Wäre es nicht frevelhaft, es nicht zu tun? Ihr werdet es zweifellos tun, wenn ihr den Weg dahin, den leichtesten der Welt, erlernt habt.

II. VON DER BETRACHTUNG

I

Es gibt zwei Wege, die Seelen in das Innere Gebet einzuführen, derer man sich für einige Zeit bedienen kann und muß. Das eine ist die Betrachtung, das andere das betrachtende Lesen.

Betrachtendes Lesen ist nichts anderes, als sich einige entscheidende Wahrheiten vorzunehmen, sei es, um sie zu bedenken, oder um sie praktisch zu vollziehen, wobei letzteres den Vorzug verdient. Das geht folgendermaßen:

Ihr nehmt euch eure Wahrheit vor, jene, die ihr wählen wollt, und lest dazu ein, zwei oder drei Zeilen, um sie zu verarbeiten und zu verkosten. Bemüht euch, ihren Saft aufzunehmen, und verweilt an der Stelle, die ihr lest, so lange, wie ihr Geschmack daran findet, und geht ja nicht eher weiter, als bis diese Stelle für euch nichts mehr hergibt.

Danach könnt ihr euch wieder ein solches Stück vornehmen und dasselbe tun, aber lest nie mehr als eine halbe Seite auf einmal.

Es ist nicht so sehr die Menge der Lektüre, die Nutzen bringt, als vielmehr die Art des Lesens. Die Menschen, die zu schnell weitergehen, haben keinen Nutzen davon. Es ist wie bei den Bienen, die den Saft aus den Blüten nur dann aufsaugen können, wenn sie sich darauf ausruhen, nicht wenn sie von einer zur anderen huschen. Das Viellesen ist mehr Sache der Schulweisheit und nicht der Mystik. Um aus geistlichen Büchern Nutzen zu ziehen, muß man, wie gesagt, lesen, und ich bin sicher, wenn man es auf diese Art macht, wird man sich nach und nach durch das Lesen an das Beten gewöhnen und gut dafür bereitet sein.

2

Der andere Weg ist die Betrachtung. Sie geschehe in der dafür vorgesehenen Stunde und nicht zur Zeit der Lektüre. Mir scheint es gut, sie folgendermaßen zu halten: Nachdem ihr euch durch einen Akt lebendigen Glaubens in die Gegenwart Gottes versetzt habt, lest etwas Gehaltvolles, und haltet behutsam dabei inne, nicht um darüber nachzudenken, sondern nur um den Geist ruhigzustellen. Achtet darauf, daß sich die eigentliche Übung auf die Gegenwart Gottes richten soll und daß der Inhalt viel mehr dazu dient, den Geist ruhigzustellen, als ihn zum Nachdenken anzuregen.

Das vorausgesetzt, wird der lebendige Glaube an Gott, der im Grunde unseres Herzens gegenwärtig ist, uns dahin führen, daß wir uns ganz und gar in uns selbst versenken. Wir sollen alle Sinne ins Innere sammeln und sie daran hindern, sich nach außen auszubreiten. Von Anfang an ist es eine große Hilfe, wenn man sich aus der Menge der Zerstreuungen löst und sich von dem entfernt, was uns von außen entgegenkommt. So sollen wir uns Gott nähern, der nur im Grund von uns selbst, in unserem Zentrum gefunden werden kann, das heißt im innersten Heiligtum, in dem er wohnt.

Er hat ja verheißen: Wer an seinem Wort festhält, zu dem wird er kommen und Wohnung bei ihm nehmen (vgl. Joh 14,23). Der heilige Augustinus macht sich Vorwürfe wegen der Zeit, die er verloren hat, weil er Gott zuerst nicht auf diese Weise gesucht hat (Bekenntnisse 10,27).

3

Wenn man sich so in sich selbst versenkt hat und von der Gegenwart Gottes in diesem Grund lebendig durchdrungen ist, wenn alle Sinne gesammelt und aus dem Umkreis ins Zentrum zurückgeführt sind (was anfangs ein wenig Mühe macht, aber später ganz leicht ist, wie ich ausführen werde), wenn also die Seele ganz in sich gesammelt ist und sich behutsam der gelesenen Wahrheit zuwendet, nicht indem sie sie durchdenkt, sondern verkostet und mehr durch liebevolle Hinwendung das Wollen anregen als durch Überlegung das Verstehen erreichen will, wenn also die Seele so bewegt worden ist, dann muß man sie in Stille und Frieden ruhen lassen. Sie soll in sich aufnehmen, was sie verkostet hat.

Wenn jemand eine hervorragende Speise nur kauen würde, könnte er, obwohl er ihren Geschmack kostet, sich dennoch nicht davon nähren, wenn er beim Kauen nicht immer wieder innehielte, um den Bissen hinunterzuschlucken. Genauso ist es, wenn die liebende Hinwendung in Bewegung gebracht ist. Wollte man sie immer nur weiter bewegen, würde ihr Feuer erlöschen und die Seele würde ihrer Nahrung beraubt. Es braucht eine kleine Ruhezeit der Liebe voll Ehrfurcht und Vertrauen, daß die Seele in sich aufnimmt, was sie gekaut und geschmeckt hat. Diese Art vorzugehen ist dringend notwendig; sie kann die Seele in kurzer Zeit weiter voranbringen als jede andere in mehreren Jahren.

4

Aber, wie gesagt, die unmittelbare und vorrangige Übung muß das Wahrnehmen der Gegenwart Gottes sein. Was man auch noch aufs genaueste beachten sollte, das ist, seine Sinne zurückzurufen, wenn sie sich zerstreuen. Auf diesem Weg werden die Zerstreuungen schnell und wirksam bekämpft, denn die Methoden, sich ihnen unmittelbar entgegenzustellen, reizen und vermehren sie nur. Wenn man sich statt dessen durch gläubige Wahrnehmung in Gottes Gegenwart versenkt und sich einfach sammelt, ohne eigentlich an die Zerstreuungen zu denken, dann bekämpft man sie indirekt, aber doch auf sehr wirksame Weise.

Die Anfänger ermahne ich, ja nicht von einer Wahrheit zur anderen zu laufen, von Thema zu Thema, sondern sich so lange bei ein und demselben aufzuhalten, wie sie daran Geschmack finden. Denn das ist der Weg, die Wahrheiten schnell zu durchdringen, sie zu schmekken und sie sich einzuprägen.

Ich gebe zu, daß es am Anfang schwierig ist, sich zu sammeln, denn die Seele neigt dazu, sich ganz nach außen zu richten. Wenn sie sich aber überwindet und umgewöhnt, wird ihr die Sammlung leicht fallen, weil sie ihr vertraut geworden ist und weil Gott, der nach nichts anderem verlangt, als sich seinem Geschöpf mitzuteilen, ihr reichliche Gnaden und einen Vorgeschmack seiner Gegenwart gibt. So macht er es ihr sehr leicht.

III. ANWEISUNGEN FÜR DIE, DIE NICHT LESEN KÖNNEN

I

Jene, die nicht lesen können, sind deswegen dieser Art des Betens nicht beraubt. Jesus Christus ist das große, außen und innen beschriebene Buch, das sie alles lehren wird.

Sie sollen folgende Methode anwenden: Zuerst müssen sie eine Grundwahrheit lernen, nämlich, daß das Reich Gottes in ihnen ist und daß sie es da suchen müssen (Luk 17,21).

Die Priester sollten ihre Pfarrangehörigen das Innere Gebet lehren, so wie sie den Katechismus unterrichten. Sie zeigen ihnen das Ziel, für das sie bestimmt sind, aber sie lehren sie nicht genügend, an ihrer Bestimmung

Freude zu haben. Sie sollten sie folgendermaßen unterweisen.

Man fange mit einem tiefen Akt der Anbetung und der Demut vor Gott an. Dabei bemühe man sich, die Augen des Leibes zu schließen und die der Seele zu öffnen. Dann sammle man die Seele im Inneren und wende sich unmittelbar auf die Gegenwart Gottes hin durch den lebendigen Glauben, daß Gott in uns ist. Man lasse die Sinneskräfte sich nicht nach außen ausbreiten, sondern halte sie so gut wie möglich gefangen und unterworfen.

2

Alle sollen das Vaterunser in ihrer Muttersprache sprechen, weil sie dann eher verstehen, was sie sagen, und daran denken, daß Gott, der in ihnen ist, wirklich ihr Vater sein will. Wenn sie soweit sind, mögen sie ihn um das bitten, was sie brauchen. Nachdem sie das Wort „Vater“ ausgesprochen haben, sollten sie einige Augenblicke in großer Ehrfurcht schweigend verharren in der Erwartung, daß dieser himmlische Vater ihnen seinen Willen zu erkennen gebe. –

Ein andermal kann der Christ sich als beschmutztes, durch sein häufiges Fallen geschwächtes Kind betrachten, das von sich aus weder die Kraft hat, sich aufrecht zu halten, noch rein zu werden. Dann biete er sich demütig und beschämt seinem Vater dar, füge zuweilen ein Wort der Liebe und der Reue ein und verbleibe im Schweigen.

Wenn er dann im Vaterunser fortfährt, bitte er diesen König der Herrlichkeit, in ihm zu herrschen. Er überlasse sich ihm, damit Gott an ihm handle und übertrage ihm somit die Rechte, die ein Mensch über sich selbst hat.

Wer ein Verlangen nach Frieden und Stille spürt, sollte nicht weitergehen, sondern verweilen, solange dieser Zustand andauert. Danach fahre man mit der zweiten Bitte fort: „Dein Wille geschehe, wie im Himmel so auf Erden.“ Hierbei werden die demütigen Beter wünschen, daß Gott in ihnen und durch sie alles, was sein Wille ist, vollbringe. Sie werden Gott ihr Herz und ihre Freiheit geben, damit er nach seinem Ermessen darüber verfüge. Wenn sie dann sehen, daß sein Wille Liebe ist, werden sie danach verlangen, zu lieben, und sie werden Gott um seine Liebe bitten. Das aber geschehe ganz ruhig und friedvoll. Und so gehe man im Vaterunser weiter. Darin sollen die Priester sie unterweisen.

Niemand überlaste sich mit einer übertriebenen Menge von Vaterunsern und Ave-Marias oder mit anderen Gebetsformeln. Ein einziges Vaterunser, auf die eben beschriebene Weise gebetet, wird sehr fruchtbar sein.

3

Ein andermal halten sie sich wie die Schafe an ihren Hirten und bitten um ihre wahre Nahrung: O göttlicher Hirte, du nährst deine Schafe mit dir selbst, und du bist ihr tägliches Brot. Sie können auch vor ihn bringen, was ihre Familie braucht. Alles aber, und darauf kommt es an, geschehe in der unmittelbaren und grundlegenden Glaubenshaltung, daß Gott in uns ist.

Was man sich auch vorstellen mag, nichts davon ist Gott. Ein lebendiger Glaube an seine Gegenwart genügt, denn man darf sich kein Bild von Gott machen. Wohl aber vermag man sich ein Bild von Jesus Christus zu machen, indem man ihn als Gekreuzigten betrachtet oder als Kind oder in einer anderen Seinsweise, einem anderen Mysterium, vorausgesetzt, daß die Seele ihn immer in ihrem Grund sucht.

Ein andermal betrachtet man ihn als Arzt und zeigt ihm seine Wunden, damit er sie heile, aber immer ohne eigentliche Anstrengung und mit ein wenig Schweigen von Zeit zu Zeit, damit sich das Schweigen mit dem Tun vermischt. Nach und nach soll das Schweigen zunehmen und sich das Reden verringern, so daß man immer mehr dem Wirken Gottes weicht und er schließlich ganz die Oberhand gewinnt, wie es im folgenden geschildert wird.

4

Wenn die Gegenwart Gottes gegeben ist und die Seele beginnt, mehr und mehr das Schweigen und die Ruhe zu verkosten, so leitet dieses fühlbare Erfahren der Gegenwart Gottes über zur zweiten Stufe des inneren Gebetes, die der Anfänger gewöhnlich auf dem Wege erreicht, wie es für die, die lesen können und für die, die es nicht können, geschildert wurde. Allerdings beschenkt Gott mit dieser Erfahrung einige besonders begnadete Seelen von Anfang an.

IV. DIE ZWEITE STUFE DES INNEREN GEBETES: DAS GEBET DER EINFACHHEIT

I

Die zweite Stufe wird von manchen Kontemplation, Gebet des Glaubens und der Ruhe genannt; andere sprechen von Gebet der Einfachheit. Diese Bezeichnung wird hier verwendet, weil sie treffender ist. Kontemplation bedeutet eine fortgeschrittenere Gebetsform als die, von der ich hier spreche.

Wenn die Seele sich einige Zeit geübt hat, wie es beschrieben wurde, dann spürt sie, daß ihr nach und nach eine Leichtigkeit verliehen wird, sich Gott zuzuwenden. Sie beginnt, sich müheloser zu sammeln. Das Gebet wird ihr leicht, lieb und angenehm. Sie erkennt: Das ist der

Weg, um Gott zu finden. Sie spürt den Duft seines Wohlgeruchs.

Jetzt muß sie die Methode ändern und in Treue und mit Mut tun, was im folgenden gesagt wird, ohne sich von allen möglichen Einwänden verwirren zu lassen.

2

Vor allem: Sobald sie sich im Glauben in die Gegenwart Gottes versetzt und sich sammelt, verweile sie ein wenig in ehrfürchtigem Schweigen.

Wenn sie zu Beginn, sobald sie ihren Akt des Glaubens setzt, ein wenig Geschmack an der Gegenwart Gottes verspürt, dann verweile sie darin, ohne sich um irgendetwas zu bemühen oder weiterzugehen. Sie bleibe in dem, was ihr geschenkt wird, solange es andauert. Wenn es weggeht, dann rege sie den Willen durch eine zarte Liebeshinwendung an, und wenn sie sich bei der ersten Liebesregung in die wunderbare Ruhe zurückversetzt findet, dann bleibe sie darin. Man muß das Feuer sacht anfachen, und sobald es zu brennen anfängt, mit dem Blasen aufhören, denn wer weiterblasen wollte, würde es auslöschen.

3

Niemals beende man das Gebet, ohne am Schluß eine Zeitlang in ehrfurchtsvollem Schweigen zu verharren.

Es ist auch von großer Bedeutung, daß die Seele mit Mut ins Gebet geht, daß sie eine reine Liebe ohne Eigeninteressen mitbringt, also nicht, um etwas von Gott zu bekommen, sondern um ihm zu gefallen und seinen Willen zu tun. Denn ein Diener, der seinem Herrn nur nach dem Maß seines Lohnes dient, ist es nicht wert, belohnt zu werden.

Geht also zum Gebet, nicht um Gott zu genießen, sondern um darin so zu sein, wie er es will. Das wird bewirken, daß ihr die Trockenheiten ebenso annehmen werdet wie die Zeiten der Fülle und daß ihr euch weder von Gottes Zurückweisungen noch von Dürrezeiten befremden laßt.

V. VON DEN TROCKENHEITEN

1

Da Gott kein anderes Verlangen hat, als sich der Seele, die ihn liebt und suchen will, zu schenken, verbirgt er sich des öfteren, um sie aus ihrer Bequemlichkeit zu wecken und dahin zu bringen, daß sie ihn mit Liebe und Treue sucht. Aber mit wieviel Güte belohnt er die Treue seiner Geliebten, und welch liebevolle Zuwendung folgt seinem scheinbaren Entschwinden!

Man meint dann, es zeuge von größerer Treue und heiße seine Liebe deutlicher zeigen, wenn man ihn mit Anstrengung des Verstandes und mit Gewalt des Willens sucht, oder durch so etwas käme er alsbald zurück.

Nein, glaubt mir, das ist nicht die richtige Art, sich so auf dieser Stufe zu verhalten. Ihr müßt vielmehr mit liebender Geduld, demütiger Achtsamkeit, mit häufiger, aber ruhiger liebevoller Hinwendung und ehrfürchtigem Schweigen die Rückkehr des Geliebten erwarten.

2

Wenn ihr euch so verhaltet, dann zeigt ihr ihm, daß er allein es ist, den ihr liebt, und daß euch an dem liegt, was ihm gefällt, nicht aber an dem, was ihr selbst empfindet, wenn ihr ihn liebt. Deshalb heißt es: „Werdet nicht ungeduldig zur Zeit der Trockenheit und der Dunkelheit. Haltet das Fernsein Gottes und den Aufschub seiner

Zuwendungen aus. Bleibt nur in ihm, wartet mit Geduld auf ihn, damit euer Leben wachse und neu werde“ (vgl. Sir 2,2–3).

Seid geduldig im Inneren Gebet. Und wenn ihr überhaupt nichts anderes euer Leben lang machen würdet, als in Geduld und in der Haltung der Hingabe, Ergebung, Demut und des Einverständnisses die Rückkehr des Geliebten zu erwarten, wie gut wäre solches Beten! Ihr könnt auch die Klage der Liebe mit hineinlegen. Wie sehr würde ein solches Verhalten das Herz Gottes erfreuen! Es wäre für ihn mehr Grund als alles andere zurückzukommen.

VI. VON DER HINGABE

I

Hier, auf dieser Stufe, muß das Sich-Loslassen und die Übergabe der ganzen Person an Gott beginnen. Es geschieht durch die feste Überzeugung, daß alles, was uns von Augenblick zu Augenblick begegnet, Gottes Geheiß und Wille ist und gerade das, was uns not tut.

Diese Überzeugung wird uns mit allem zufrieden sein lassen; sie läßt uns alles, was auf uns zukommt, in Gott anschauen und nicht vom Geschöpf her.

Ich beschwöre euch, meine Lieben, wer ihr auch seid, die ihr euch Gott übergeben wollt: Nehmt euch nicht wieder zurück, wenn ihr euch einmal ihm gegeben habt, und denkt daran, daß etwas, was ihr geschenkt habt, euch nicht mehr zur Verfügung steht.

2

Das Sich-Überlassen ist das Wichtigste auf dem ganzen Weg. Es ist der Schlüssel zum Inneren. Wer sich ganz überlassen kann, wird bald vollkommen sein.

Sich Gott überlassen, dabei bleibe man fest, ohne auf Einreden des Verstandes oder Vernünfteleien zu achten. Ein großer Glaube bewirkt eine vollkommene Loslösung von allem. Man muß sich auf Gott verlassen und „hoffen wider alle Hoffnung" (Röm 4, 18).

3

Das Sich-Überlassen heißt, daß wir uns von aller Sorge um uns selbst entledigen und uns ganz der Führung Gottes anheimstellen.

Alle Christen sind aufgefordert, sich Gott ganz hinzugeben. Denn das, was geschrieben steht, gilt für alle: „Sorgt euch nicht um morgen, denn euer himmlischer Vater weiß, was ihr alles braucht" (vgl. Mt 6, 34.32). „Denkt an ihn auf allen euren Wegen, und er selbst wird eure Schritte lenken" (vgl. Spr 3, 6). „Gebt dem Herrn euer Tun anheim, und er läßt euer Planen gelingen" (vgl. Spr 16, 3). „Befiehl dem Herrn deinen Weg, und hoffe auf ihn, er wird es fügen" (Ps 37, 5).

Das Sich-Überlassen muß also, sowohl was das äußere wie auch das innere Leben betrifft, ein völliges Sich-Hineingeben in die Hände Gottes sein; wir vergessen uns selbst und denken nur an Gott. Auf diese Weise bleibt das Herz allezeit frei, zufrieden und unbefangen.

4

Für die Übung gilt: Man gebe unaufhörlich jeden Eigenwillen auf zugunsten des Willens Gottes. Man gebe alle besonderen Neigungen, so gut sie auch scheinen mögen, auf, sobald man sie aufkommen fühlt, um sich ganz in den Gleichmut zu begeben und nur das zu wollen, was Gott seit Ewigkeit gewollt hat: gleichmütig sein gegenüber allen Dingen – seien sie für den Leib oder die Seele, für das zeitliche oder ewige Wohl; die Vergangenheit vergessen, die Zukunft der Vorsehung überlassen und die Gegenwart Gott übergeben. Lassen wir es genug sein mit dem gegenwärtigen Augenblick, der den ewigen Auftrag Gottes an uns mit sich bringt und der für uns eine so unumstößliche Aussage über den Willen Gottes darstellt, daß sie allen gemeinsam und für jeden gültig ist: nichts von dem, was mit uns geschieht, dem Geschöpf zuschreiben, sondern alles in Gott sehen und alles so sehen, daß es unzweifelhaft aus seiner Hand kommt, ausgenommen unsere eigene Sünde.

Laßt euch also zu Gott führen, so wie es ihm – sei es für unser inneres wie auch für unser äußeres Leben – gefällt.

VII. VOM LEIDEN

I

Seid mit allem zufrieden, was Gott euch an Leiden auferlegt. Wenn ihr ihn ohne Vorbehalt liebt, werdet ihr ihn in diesem Leben auf Golgota nicht weniger suchen als auf Tabor. Man muß ihn auf Golgota ebenso lieben wie auf Tabor, denn das Kreuz ist der Ort, wo er das Äußerste an Liebe aufscheinen läßt.

Macht es nicht wie jene Menschen, die sich zu einer Zeit Gott übergeben und zu einer anderen wieder zurücknehmen. Sie geben sich, um geliebkost zu werden, und nehmen sich zurück, wenn sie gekreuzigt werden. Oder anders gesagt, sie suchen ihren Trost beim Geschöpf.

2

Nein, meine Lieben, ihr werdet niemals Trost finden, es sei denn in der Liebe zum Kreuz und in der vollständigen Hingabe. Wer das Kreuz nicht gekostet, hat Gott nicht gekostet (vgl. Mt 16,23). Es ist unmöglich, Gott zu lieben, ohne das Kreuz zu lieben, und ein Herz, das das Kreuz gekostet hat, wird selbst das Bitterste süß, angenehm und annehmbar finden. „Einer hungernden Seele schmeckt auch das Bittere süß" (Spr 27,7), denn im Maße sie nach Gott verlangt, so verlangt sie auch nach dem Kreuz.

Das Kreuz gibt Gott, und Gott gibt das Kreuz.

Merkmal inneren Fortschrittes ist es, wenn man voranschreitet im Kreuz.

Das Sich-Loslassen und das Kreuz gehören zusammen.

3

Sobald ihr etwas bemerkt, was euch widerstrebt und was euch als Leiden bevorsteht, überlaßt euch gerade hierin ganz Gott und übergebt euch ihm als Opfer. Ihr werdet sehen, wenn das Kreuz kommt, wird es nicht so schwer sein, weil ihr es gern auf euch nehmt. Das hindert nicht, daß man seine Last fühlt. Einige meinen zwar, das Kreuz zu fühlen sei kein Leiden. Doch das Leiden fühlen gehört wesentlich zum Leiden selbst. Jesus Christus wollte es in seiner ganzen Härte erleiden.

Oft trägt man das Kreuz mit Schwäche, ein andermal mit Stärke; alles muß im Willen Gottes gleich hingenommen werden.

VIII. VON DEN MYSTERIEN

I

Man mag einwenden, daß sich auf diesem Wege die Mysterien, das heißt die Geheimnisse des Lebens Jesu, nicht einprägen. Es ist gerade umgekehrt. Gerade so werden sie der Seele geschenkt. Jesus Christus, dem man sich überläßt und dem man als dem Weg folgt, den man als Wahrheit hört und der uns als Leben zum Leben bringt (vgl. Joh 14,6), er prägt sich selbst der Seele dadurch ein, daß er ihr alle seine gottmenschlichen Seinsweisen zu übernehmen und zu tragen gibt.

Die gottmenschlichen Seinsweisen Jesu Christi übernehmen, das ist etwas viel Größeres als sie nur betrachten. Paulus nahm das Leiden als Leiden Christi leibhaftig auf sich. Er sagt: „Ich trage die Kennzeichen Jesu Christi an meinem Leib" (Gal 6,17). Aber er sagt nicht, er stelle eine Betrachtung darüber an.

2

Oft gibt Jesus Christus in diesem Zustand des Sich-Loslassens seine gottmenschlichen Seinsweisen auf eine ganz besondere Weise zu erkennen. Man nehme sie in Empfang und lasse sich für alles verwenden, was ihm gefällt. Man nehme alles an, wohinein er uns nach seinem Gefallen versetzt, und man suche sich keinen Zustand selbst aus, außer dem einen: bei ihm zu bleiben, zu lieben und vor ihm zunichte zu werden. Man nehme alles gleichermaßen an, was er uns gibt: Licht oder Finsternis, Leichtigkeit oder Trockenheit, Stärke oder Schwäche, Süße oder Bitterkeit, Versuchung oder Zerstreuung. Schmerzen, Unannehmlichkeiten, Unsicherheit, nichts von all dem darf uns aufhalten.

3

Es gibt Menschen, die Gott Jahre hindurch dazu erwählt, eines seiner Geheimnisse zu verkosten. Das bloße Ansehen oder der Gedanke an dieses Mysterium führt im Inneren zur Sammlung; sie sollen treu dabei bleiben. Aber wenn Gott es ihnen entzieht, müssen sie es sich nehmen lassen.

Andere machen sich einen Kummer daraus, nicht an ein Mysterium denken zu können. Das ist gegenstandslos, weil die liebende Aufmerksamkeit für Gott jede Art von Frömmigkeit in sich schließt. Wer mit Gott allein durch die Ruhe in ihm vereint ist, ist auf eine viel großartigere Weise zu allen Geheimnissen zugelassen. Wer Gott liebt, liebt alles, was von ihm kommt.

IX. VON DEN TUGENDEN

1

Das ist der kurze und sichere Weg, Tugend zu erlangen. Weil Gott der Ursprung aller Tugend ist, heißt Gott besitzen alle Tugend besitzen. Je mehr man sich diesem Besitz nähert, desto mehr hat man Tugend in einem hohen Maß.

Mehr noch, ich sage, daß jede Tugend, die nicht von innen kommt, eine Maske ist und wie ein Gewand, das sich ablegen läßt und kaum von Dauer ist. Die Tugend aber, die aus dem Grund kommt, ist die eigentliche, wahre und dauerhafte Tugend: „Alle Schönheit der Königstochter kommt von innen“ (Ps 45, 14). Und keine unter allen Seelen würde mehr Tugend üben, obwohl sie eigentlich nicht an die Tugend denkt.

Gott, mit dem diese Seelen vereint bleiben, läßt sie so auf jede Weise üben: Er duldet nichts, er erlaubt ihnen kein noch so kleines Vergnügen.

2

Welchen Hunger haben diese Seelen voll Liebe doch nach Leiden? Wie vielen Bußübungen würden sie sich ausliefern, wenn man sie nach ihren Wünschen handeln ließe?

Sie denken nur an das, was ihrem Geliebten gefallen kann, und fangen an, sich selbst zu vernachlässigen und sich weniger zu lieben. Je mehr sie ihren Gott lieben, desto mehr hassen sie sich und umso weniger finden sie an den Geschöpfen.

3

Wenn man doch diese Methode lehren könnte! Sie ist so leicht, daß sie für alle geeignet ist, für die Ungeschicktesten und Unwissendsten ebenso wie für die Gelehrtesten. Wie leicht wäre die ganze Kirche Gottes reformiert!

Man muß nur lieben. „Liebt und tut dann, was ihr wollt" (Augustinus). Denn wenn man richtig liebt, kann man nichts tun wollen, was dem Geliebten mißfallen könnte.

X. VON DER ABTÖTUNG

1

Es sei euch auch gesagt, daß es so gut wie unmöglich ist, auf einem anderen Weg zu völliger Abtötung der Sinne und Leidenschaften zu gelangen.

Der ganz natürliche Grund liegt darin, daß es die Seele ist, die den Sinnen Kraft und Stärke gibt, so wie die Sinne die Leidenschaften erregen und in Bewegung setzen. Ein Toter hat weder Gefühl noch Leidenschaft, weil Seele und Sinne getrennt sind. Jede Verrichtung, die durch das Äußere geschieht, bringt stets die Seele mehr an das Äußere, zu den Dingen, denen sie sich stärker zuwendet. In ihnen breitet sie sich dann weiter aus. Wenn sie sich Bußübungen und dem Äußeren direkt zuwendet, ist sie ganz von dieser Seite erfaßt, so daß sie die Sinne kräftigt, statt sie abzutöten.

Denn die Sinne können Kraft nur dann gewinnen, wenn sich die Seele ihnen zuwendet; sie vermittelt ihnen dann um so mehr Leben, je mehr sie in ihnen ist. Dieses Leben der Sinne bewegt und erregt die Leidenschaft, statt sie auszulöschen. Bußübungen können den Körper wohl schwächen, aber niemals den Stachel der Sinne oder ihre Kraft – aus dem soeben genannten Grund – ganz abstumpfen.

2

Das kann allein dadurch erreicht werden, daß sich die Seele auf dem Weg der Sammlung ganz in ihr Inneres hineinwendet, um für den inwendig gegenwärtigen Gott dazusein.

Wenn sie ihre ganze Kraft und Stärke in ihr Inneres hineinwendet, wird sie von den Sinnen abgeschieden, und allein dadurch. Wenn sie ihre ganze Kraft und

Stärke auf das Innere verwendet, entzieht sie den Sinnen ihre Kraft. Je mehr sie vorankommt und sich Gott nähert, desto mehr wird sie von sich selbst abgeschieden. Aus diesem Grund fühlen sich Menschen, bei denen die Anziehungskraft der Gnade stark ist, äußerlich ganz schwach und fallen oft geradezu in Ohnmacht.

3

Damit meine ich nicht, daß es der Abtötung nicht bedürfe. Abtötung muß stets das Gebet begleiten, entsprechend den Kräften und dem Befinden des einzelnen und gemäß dem Gehorsam.

Ich sage vielmehr, man soll aus der Abtötung nicht die Hauptübung machen, und man soll sich nicht auf diese oder jene Bußübung versteifen. Vielmehr folge man allein der inneren Anziehungskraft und wende sich der Gegenwart Gottes zu, ohne eigens an die Abtötung zu denken. Gott selbst läßt sie in allen Formen geschehen, und er gönnt Seelen, die sich ihm treu überlassen, keine Ruhepause, bis er in ihnen alles abgetötet hat, was abgetötet werden muß.

Es bedarf also allein der anhaltenden Aufmerksamkeit auf Gott, und alles wird in großer Vollkommenheit geschehen. Nicht alle sind zu äußeren Bußübungen fähig, aber zu dieser Aufmerksamkeit sind alle fähig.

Es gibt zwei Sinne, die man nicht zu sehr abtöten darf, das Sehen und das Hören, denn mit ihnen bildet sich die Vorstellung von allem. Gott läßt es geschehen, man muß nur seinem Geist folgen.

4

Durch solches Verhalten hat die Seele doppelten Gewinn. In dem Maß, wie sie sich dem Äußeren entzieht, kommt sie Gott immer näher, und indem sie Gott näherkommt – abgesehen davon, daß ihr eine geheime Stärke und Kraft zuteil wird, die sie trägt und bewahrt –, entfernt sie sich von der Sünde in eben dem Maße, wie sie Gott näherkommt. So lebt sie in einer beständigen Umkehr.

XI. VON DER UMKEHR

I

„Wendet euch von Grund auf Gott zu, von dem ihr euch so weit abgewendet habt“ (Jes 31,6). Die Umkehr ist nichts anderes als sich vom Geschaffenen abwenden, um zu Gott zurückzukehren.

Die Umkehr ist nicht vollendet (auch wenn sie für das Heil gut und notwendig ist), wenn sie sich nur von der Sünde zur Gnade vollzieht. Um vollständig zu sein, muß sie sich auch vollziehen vom Äußeren zum Inneren.

Die Seele, die sich Gott zugewandt hat, gewinnt eine große Leichtigkeit, Gott zugewandt zu bleiben. Je mehr sie Gott zugewandt bleibt, desto mehr nähert sie sich Gott und bindet sich an ihn. Und je mehr sie sich Gott nähert, desto mehr entfernt sie sich notwendigerweise von dem Geschaffenen, das Gott entgegengesetzt ist. Sie gewinnt in ihrer Umkehr eine solche Stärke, daß ihr diese Ausrichtung gewohnt und gleichsam ganz natürlich wird.

Man muß nun wissen, daß dies nicht durch eine gewaltsame Übung des Geschöpfes geschieht. Die einzige Übung, die es mit Hilfe der Gnade machen kann und soll, liegt in der Bemühung, sich ins Innere zu wenden und sich darin zu sammeln. Danach ist nichts mehr zu tun, als Gott in ständigem Anhangen zugewandt zu bleiben.

2

Gott hat eine Anziehungskraft, die die Seele immer stärker zu ihm hindrängt. Indem er sie zu sich zieht, reinigt er sie. Es ist so, wie man es bei der Sonne sieht, die dicke Nebelschwaden an sich zieht und sie nach und nach, je näher sie ihr kommen, läutert und löst, ohne daß von deren Seite eine andere Anstrengung nötig wäre, als sich ziehen zu lassen. Der Unterschied dabei ist, daß der Nebel nicht aus freiem Entschluß der Anziehung folgt, wie es die Seele tut.

Dieser Weg, sich ins Innere zu wenden, ist nicht schwer und läßt die Seele ohne Anstrengung und ganz natürlich Fortschritte machen, weil Gott unsere Mitte ist. Die Mitte hat immer eine starke Anziehungskraft. Je höher und je geisterfüllter die Mitte ist, desto stärker und mitreißender, ja unwiderstehlich ist ihr Ziehen.

3

Neben der Anziehungskraft der Mitte ist allen Geschöpfen eine starke Neigung zur Vereinigung mit ihrem Zentrum gegeben, doch so, daß jene, die geisterfüllter und der Vollendung näher sind, diese Neigung stärker haben.

Sobald etwas auf seine Mitte gerichtet ist, eilt es mit großer Schnelligkeit darauf zu, wenn es nicht durch ein unüberwindliches Hindernis aufgehalten wird. Ein Stein in der Luft, kaum ist er losgelassen und zur Erde gerichtet, strebt schon durch sein Eigengewicht der Erde als seiner Mitte zu. Ebenso ist es mit dem Wasser und dem Feuer; werden sie nicht angehalten, so eilen sie geradewegs auf ihre Mitte zu.

So sage ich: Dank der Anstrengung, die die Seele aufbrachte, um sich im Inneren zu sammeln, stürzt diese, da sie die Hinwendung zu ihrer Mitte in sich trägt, ohne eine andere Anstrengung als die Schwerkraft der Liebe nach und nach in ihre Mitte zurück. Je stiller und ruhiger sie bleibt, ohne sich selbst zu bewegen, desto schneller kommt sie voran, denn sie gibt dieser Anziehungskraft aus der Mitte des Inneren dann mehr Raum, so daß diese sich ungehindert auswirken kann.

4

Alle Sorge, die wir haben sollen, besteht darin, daß wir uns im Innern sammeln, soweit uns das möglich ist. Wundern wir uns keineswegs über die Mühe, die uns das kosten kann. Sie wird alsbald belohnt werden durch eine wunderbare Mithilfe von seiten Gottes. Er wird sie uns leicht machen, vorausgesetzt, daß wir treu dabei bleiben, indem wir unser Herz zart und behutsam – durch stille, nicht gewaltsame Umkehr und in liebevoller Zuneigung – wieder zu ihm zurücklenken, sobald es sich durch Zerstreuung und ängstliche Sorge von ihm entfernt hat.

Wenn die Leidenschaften sich erheben, wird eine solche kleine Rückkehr ins Innere zu Gott hin, der gegenwärtig ist, sie mit Leichtigkeit zum Schweigen bringen. Jeder andere Kampf wird sie mehr aufreizen als besänftigen.

XII. VOM GEBET DER EINFACHEN GEGENWART GOTTES

1

Die Seele, die sich, wie gesagt, treu in der Zuneigung und Liebe zu ihrem Gott übt, ist ganz erstaunt, daß sie nach und nach spürt, wie er völlig von ihr Besitz ergreift.

Seine Gegenwart wird ihr so leicht, daß sie gar nicht anders könnte, als in dieser Gegenwart zu leben. Das ist ihr, ebenso wie das innere Gebet, als innere Haltung geschenkt worden. Die Seele erfährt, wie sie nach und nach von der Ruhe ergriffen wird. Das Stillschweigen macht ihr ganzes Inneres Gebet aus. Und Gott senkt in sie eine Liebe ein, mit der ein unaussprechliches Glück beginnt.

Ach, wäre es mir doch vergönnt, den Stufen, die dann bis ins Unendliche folgen, hier nachzugehen. (Das ist in der Abhandlung „Die geistlichen Ströme" geschehen, die als natürliche Fortsetzung dieser Arbeit anzusehen ist und für alle Stufen hilfreich sein kann.) Hier aber muß ich, da ich nur für Anfänger schreibe, innehalten und darauf warten, daß Gott ans Licht bringen wird, was für alle Stufen dienlich ist.

2

Nur so viel sei gesagt, daß es hier von großer Wichtigkeit ist, das eigene Tun und Handeln aufhören zu lassen („eigen" das heißt: nach eigener Wahl, dem eigenen Geschmack und Gefallen gemäß, eigenen Überlegungen folgend, betriebsam, unruhig, in andere Richtung drängend oder auf andere Weise, als es der Anziehungskraft Gottes entspricht), und statt dessen Gott handeln zu lassen: „Laßt ab und erkennt, daß ich Gott bin", sagt er uns selbst durch David (Ps 45,11).

Aber der Mensch ist in das, was er macht, so verliebt, daß er meint, nichts zu tun, wenn er nicht sein eigenes Wirken spürt und erkennt und deutlich unterscheidet. Er sieht nicht, daß die Schnelligkeit seines Laufes ihn daran hindert, seine Fortschritte zu bemerken. Er sieht nicht, daß das Wirken Gottes, je umfassender es wird, desto mehr das Wirken des Menschen in sich aufnimmt. Es ist wie bei der Sonne: In dem Maße, wie sie höher steigt, nimmt sie nach und nach das ganze Licht der Sterne in sich auf, die vor dem Aufsteigen der Sonne sehr wohl deutlich zu sehen waren. Nicht etwa der Mangel an Licht bewirkt, daß man die Sterne nicht mehr deutlich sieht, sondern das Übermaß des Lichtes.

Ebenso ist es hier. Der Mensch unterscheidet sein Handeln nicht mehr, weil ein starkes und umfassendes Licht all seine kleinen unterschiedlichen Lichter in sich aufnimmt und sie ganz verschwinden läßt. Das Übermaß jenes Lichtes überstrahlt sie alle.

3

Daraus folgt, daß jene, die gegen das Innere Gebet den Vorwurf der Untätigkeit erheben, sich sehr irren. Solches sagen sie aus Mangel an Erfahrung. Wenn sie sich nur ein wenig Mühe geben und einen Versuch damit machen wollten! In kurzer Zeit hätten sie Erfahrung und Einsicht auf diesem Gebiet. Ich sage also, dieses Fehlen von Tätigsein entstammt keineswegs einem Mangel, sondern der Überfülle. Das wird der Mensch, der Erfahrung damit hat, durchaus unterscheiden können: Er wird erkennen, daß es kein unfruchtbares Schweigen ist, das in einem Mangel begründet liegt, sondern ein dichtes, volles, durch Überfülle begründetes Schweigen.

4

Es gibt zwei Arten von Menschen, die schweigen: die einen, weil sie nichts zu sagen haben, und die anderen, weil sie zu viel zu sagen haben. Ebenso ist es auf dieser Stufe: Man schweigt aus Übermaß, nicht aus Mangel.

Das Wasser kann bei zwei Menschen auf ganz verschiedene Weise zum Tod führen. Der eine verdurstet, der andere ertrinkt: Der eine stirbt aus Mangel, der andere an Überfülle. Auf dieser Stufe des Gebetes ist es die Überfülle, die das Tätigsein aufhören läßt. Darum ist es hier so von Wichtigkeit, so lange im Schweigen zu bleiben, als man vermag.

Ein ganz kleines Kind, das an der Brust seiner Mutter

liegt, zeigt uns das deutlich. Erst bewegt es seine kleinen Lippen, um die Milch kommen zu lassen; wenn dann die Milch reichlich fließt, begnügt es sich, die Milch zu trinken, ohne jede Bewegung. Wenn es sich doch bewegte, würde es sich schaden und die Milch danebenfließen lassen, ohne sie aufnehmen zu können.

Ebenso muß man am Anfang des Inneren Gebetes die Lippen der liebenden Zuneigung bewegen. Wenn aber die Milch der Gnade fließt, hat man nichts anderes zu tun, als in der Ruhe zu bleiben und sie behutsam aufzunehmen, und wenn die Milch zu fließen aufhört, die liebende Zuneigung ein wenig bewegen, wie es das Kind mit den Lippen tut. Wer es anders machen wollte, könnte aus dieser Gnade keinen Nutzen ziehen. Sie teilt sich hier nur mit, um zur Ruhe der Liebe hinzuziehen, und nicht, um die Bewegung der eigenen Vielfalt anzuregen.

5

Was geschieht dem Kind, das in Frieden, und ohne sich zu bewegen, behutsam die Milch trinkt? Wer könnte glauben, daß es sich so ernährt? Und doch, je friedlicher es saugt, desto mehr bringt ihm die Milch Nutzen. Was wird also mit diesem Kind, sage ich? Es wird an der Brust seiner Mutter einschlafen. So sinkt die in den Frieden des Inneren Gebetes gehüllte Seele oft in einen mystischen Schlaf, wo alle Kräfte zum Schweigen kommen, so daß, was ihnen vorübergehend gegeben wurde, bleibender Zustand wird. Ihr seht, daß die Seele ganz natürlich hierhin geführt wird, ohne Zwang, ohne Anstrengung, ohne Gelehrsamkeit, ohne besondere Technik.

Unser Inneres ist keine Festung, die man mit Kanonen und Gewalt einnimmt. Es ist ein Reich des Friedens, das sich mit Liebe in Besitz nehmen läßt. Wenn man in solcher Weise ganz behutsam auf diesem kleinen Weg weitergeht, wird man bald zum eingegossenen Inneren

Gebet gelangen. Gott verlangt nichts Außerordentliches, nichts allzu Schwieriges; im Gegenteil, ihm gefällt aufs höchste ein ganz einfaches, kindliches Vorgehen.

6

Alles, was groß ist in der Religion, ist auch einfach. Die notwendigsten Sakramente sind die leichtesten. Ebenso ist es bei den natürlichen Dingen. Wollt ihr zum Meer kommen? Steigt in ein Boot auf einem Fluß, und ihr werdet unmerklich und ohne Anstrengung zum Meer gelangen. Wollt ihr zu Gott kommen? Nehmt diesen Weg, der so sanft und einfach ist, und in kurzer Zeit werdet ihr dort ankommen, auf eine Weise, die euch überraschen wird.

Wenn ihr es doch versuchen wolltet! Ihr würdet bald sehen, daß man euch viel zu wenig davon sagt und daß die dabei gemachte Erfahrung weit über das hinausgeht, was man dazu sagt. Was fürchtet ihr? Warum werft ihr euch nicht unverzüglich der Liebe in die Arme, die sie am Kreuz nur ausgestreckt hat, um euch zu umfangen? Welche Gefahr könnte darin liegen, auf Gott zu vertrauen und sich ihm zu überlassen? Er wird euch nicht enttäuschen, es sei denn auf willkommene Weise, indem er euch viel mehr gibt, als ihr erwartet. Jene dagegen, die alles von sich selbst erwarten, könnte durchaus der Vorwurf treffen, den Gott durch den Mund Jesajas erhebt: „Auf deinen vielerlei Wegen hast du dich aufgerieben, und niemals sagtest du: Ich will zur Ruhe kommen“ (Jes 57, 10).

XIII. VOM RUHEN VOR GOTT

1

Wenn die Seele bis hierhin gekommen ist, bedarf sie keiner anderen Vorbereitung mehr als die der Ruhe. Hier beginnt es, daß die Gegenwart Gottes über den Tag hin die große Frucht des Inneren Gebetes oder vielmehr die Fortdauer des Gebetes ganz gnadenhaft wird und nahezu beständig bleibt. Die Seele erfreut sich in ihrem Grund eines unschätzbaren Glücks. Sie spürt, daß Gott mehr in ihr ist als sie selbst.

Sie muß nur mehr eines tun, um ihn zu finden: sich in sich selbst versenken. Sobald sie die Augen schließt, findet sie sich ins Gebet versetzt und versenkt. Sie ist voller Staunen über ein so großes Gut. In ihrem Inneren vollzieht sich ein Umgang mit Gott, der durch das Äußere nicht unterbrochen wird.

2

Man kann von dieser Art des Gebetes sagen, was von der Weisheit geschrieben steht: „Mit ihr kam alles Gute zu mir" (Weish 7,11). Denn die Tugenden strömen wohlgefällig in einer solchen Seele; sie vollzieht sie so leicht, daß es den Anschein hat, als entsprächen sie ihrer Natur. Sie trägt in sich einen Keim des Lebens und der Fruchtbarkeit, der ihr Leichtigkeit für alles verleiht, was gut, und Unempfindsamkeit für alles, was schlecht ist.

3

Die Seele bleibe treu in diesem Zustand und hüte sich davor, irgend etwas anderes zu suchen als einfach Ruhe, sei es bei der Beichte oder der Kommunion, beim Tätigsein oder beim Gebet. Sie hat nichts zu tun, als sich von diesem göttlichen Strom erfüllen zu lassen.

Ich meine hier nicht die für die Sakramente notwendigen Vorbereitungen, sondern die vollkommenste innere Verfassung, in der man sie empfangen kann. Und das ist jene, von der ich gesprochen habe.

XIV. VOM INNEREN SCHWEIGEN

1

Der Herr aber wohnt in seinem heiligen Tempel. Alle Welt schweige in seiner Gegenwart“ (Hab 2,20). Der Grund für die Notwendigkeit des inneren Schweigens liegt darin, daß das göttliche Wort, das ewige und eigentliche Wort, die Seele in einer Verfassung vorfinden muß, die zu ihm in einer gewissen Beziehung steht; dann kann es in der Seele empfangen werden.

Nun ist es gewiß, daß man das Ohr öffnen und hinhören muß, um das Wort zu empfangen. Das Gehör ist der Sinn, der dazu geschaffen ist, das Wort aufzunehmen, das ihm mitgeteilt wird. Das Gehör ist ein mehr passiver als aktiver Sinn. Er nimmt auf und teilt nicht mit. Da das göttliche Wort jenes Wort ist, das sich der Seele mitteilen und sie lebendig machen soll, muß sie ihre Aufmerksamkeit auf dieses Wort richten, das in ihrem Inneren zu ihr sprechen will.

2

Deshalb gibt es so viele Stellen, die uns ermahnen, auf Gott zu hören und voller Aufmerksamkeit für seine Stimme zu sein. Man könnte viele nennen; nur diese seien aufgeführt: „Ihr alle, die ihr mein Volk seid, hört mich; Nation, die ich erwählt habe, achte auf meine Stimme“ (vgl. Jes 51,4). „Hört mich, ihr alle, die ich in meinem Schoß trage und die ich in meinem Inneren umfasse" (vgl. Jes 46,3). „Höre, Tochter, sieh her und neige dein Ohr; vergiß das Haus deines Vaters, der König verlangt nach deiner Schönheit" (Ps 45,11–12).

Man muß auf Gott hören und voller Aufmerksamkeit für ihn sein. Man muß sich selbst und alle Eigeninteressen vergessen. Nur dieses doppelte Tun (oder vielmehr Geschehenlassen, es ist durchaus ein passives Zulassen und kein aktives Tun) ruft das Verlangen nach der Schönheit hervor, die er selbst mitteilt.

3

Das äußere Schweigen ist eine Notwendigkeit, um das innere Schweigen zu pflegen. Es ist unmöglich, innerlich zu werden, ohne die Stille und die Zurückgezogenheit zu lieben. Gott sagt es uns durch den Mund seines Propheten: „Ich will sie in die Einsamkeit führen und dort zu ihrem Herzen sprechen" (Hos 2,16).

Es ist unmöglich, innerlich von Gott und äußerlich von tausend Kleinigkeiten ausgefüllt zu sein. Wenn Schwäche euch dazu gebracht hat, sich in das Äußere zu zerstreuen, bedarf es einer kleinen Rückwendung in das Innere; ihm müßt ihr euch jedesmal in Treue zuwenden, wenn ihr abgelenkt und zerstreut wurdet.

Es wäre zu wenig, innerlich zu beten und sich eine halbe Stunde oder eine Stunde lang zu sammeln, wenn man nicht den ganzen Tag hindurch die Salbung und den Geist des Inneren Gebetes bewahrte.

XV. VON DER BEICHTE UND KOMMUNION

1

Die Gewissenserforschung muß der Beichte immer vorausgehen, sie hat aber dem Zustand der Seelen zu entsprechen. Diejenigen, die auf dieser Stufe sind, müssen sich vor Gott ganz öffnen, und er wird sie gewiß erleuchten und die Natur ihrer Fehler erkennen lassen.

Diese Gewissenserforschung geschehe in Frieden und in Ruhe, man erwarte die Erkenntnis seiner Sünden mehr von Gott als vom eigenen Suchen. Wenn wir uns mit Anstrengung prüfen, täuschen wir uns leicht. Wir halten „das Gute für schlecht und das Schlechte für gut" (Jes 5,20). Die Eigenliebe betrügt uns leicht. Aber wenn wir uns öffnen und uns ganz den Augen Gottes aussetzen, läßt uns die göttliche Sonne bis in die kleinsten Winkel sehen. Man muß sich lassen und sich Gott ganz preisgeben. Das gilt ebenso für die Gewissenserforschung wie für die Beichte.

2

Sobald man zu dieser Weise des Gebets gelangt ist, unterläßt Gott es nicht, der Seele alle Fehler vorzuhalten, die sie macht. Kaum hat sie einen Fehler begangen, da fühlt sie schon den brennenden Vorwurf. Das ist eine Gewissensprüfung, die Gott vornimmt, und ihm entgeht nichts. Die Seele muß sich dann nur einfach Gott zuwenden; sie erleide die Strafe und die Zurechtweisung, die er ihr auferlegt.

Da diese Prüfung von seiten Gottes andauert, kann die Seele nicht mehr sich selbst prüfen. Wenn sie sich in Treue Gott überläßt, wird sie bald von seinem göttlichen Licht besser geprüft sein, als sie das mit all ihrem Eifer könnte. Die Erfahrung wird sie das bald erkennen lassen.

3

Für die Beichte muß man wissen, daß die Seelen, die diesen Weg gehen, oft über folgendes erstaunt sind: Wenn sie sich dem Beichtstuhl nähern und dann anfangen, ihre Sünden zu bekennen, wird ihr Herz statt von Bedauern und Reue, wie sie es gewohnt waren, von einer sanften, ruhigen Liebe ergriffen.

Jene, die hiervon nicht wissen, wollen sich dem entziehen, um einen Akt der Reue herbeizuführen, denn sie haben gehört, das sei notwendig, und es ist wahr. Aber sie sehen nicht, daß sie dabei die wahre Reue verlieren, die diese eingegossene Liebe ist. Sie ist unendlich größer als das, was sie aus sich selbst hervorbringen könnten. Sie erleben ein wunderbares Geschehen, das alles andere vollkommen einschließt, wenn auch nicht in einzelne Vorgänge unterschieden.

Sie sollen sich nicht die Mühe machen, etwas anderes zu tun, wenn Gott viel vortrefflicher in ihnen und mit ihnen handelt. Es heißt die Sünde hassen, wie Gott sie haßt, wenn man sie auf diese Weise haßt. Die reinste Liebe ist die, die Gott in der Seele wirkt. Sie dränge also nicht danach, zu handeln, sondern bleibe so, wie sie ist, und folge dem Rat des Weisheitslehrers: „Vertraue auf Gott und bleibe in Ruhe an dem Platz, an den er euch gestellt hat“ (vgl. Sir 11,22).

4

Die Seele wird auch erstaunt sein, daß sie ihre Fehler vergißt und Mühe hat, sich an sie zu erinnern. Sie soll sich darum jedoch keine Sorgen machen, aus zwei Gründen. Erstens, weil ein solches Vergessen ein Zeichen der Reinigung von diesem Fehler ist; auf dieser Stufe ist es das beste, alles, was uns betrifft, zu vergessen und ganz Gottes eingedenk zu sein. Zweitens, weil Gott ganz gewiß der Seele ihre größten Fehler zu sehen geben wird, wenn es nötig wird zur Beichte zu gehen; denn dann nimmt er selbst die Gewissenserforschung vor, und die Seele wird sehen, daß sie damit besser zurechtkommt als mit allen ihren eigenen Anstrengungen.

5

Dies kann nicht für die vorhergehenden Stufen gelten, wo die Seele, die noch im Tun begriffen ist, ihren Eifer für alles einsetzen will und soll – mehr oder weniger, je nach dem Grad ihres Fortschritts.

Die Seelen auf dieser Stufe sollen sich an das halten, was man ihnen sagt, und ihre einfachen Verrichtungen nicht ändern.

Dasselbe gilt für die Kommunion: Sie sollen Gott handeln lassen und im Schweigen verharren. Gott kann nicht besser als durch Gott empfangen werden.

XVI. VOM LESEN UND VOM MÜNDLICHEN GEBET

I

Die Art der (geistlichen) Lesung auf dieser Stufe soll so sein: Sobald man eine geringe Sammlung wahrnimmt, höre man auf und verbleibe in der Stille; man lese wenig und fahre nicht fort, sobald man sich zum Innern hingezogen fühlt.

2

Die Seele soll sich nicht mit lautem Beten belasten, sobald sie zum inneren Schweigen gerufen wird, sondern nur wenig sprechen. Wenn sie Gebete spricht und dabei auf eine Schwierigkeit stößt und sich zum Schweigen hingezogen fühlt, dann verbleibe sie darin und mache keine Anstrengungen, es sei denn, es handle sich um Gebete, zu denen man verpflichtet ist; in diesem Fall muß man sie fortsetzen.

Wenn es aber keine Pflichtgebete sind, lasse die Seele sie, sobald sie sich von innen angezogen fühlt und Mühe hat, sie zu sprechen. Sie tue sich keinen Zwang an und binde sie nicht, sondern lasse sich vom Geist Gottes führen, und so wird sie allen Andachtsübungen auf vorzügliche Weise Genüge tun.

XVII. VOM BITTGEBET

1

Die Seele wird sich in einem Zustand befinden, in dem sie nicht mehr vermag, Bitten an Gott zu richten, was ihr früher leicht fiel. Das braucht sie nicht zu überraschen, denn dann „bittet der Geist für die Heiligen, was gut und vollkommen ist, was dem Willen Gottes entspricht. Der Geist nimmt sich unserer Schwachheit an, denn wir wissen nicht, um was wir bitten sollen, wie es sich gehört. Da tritt der Geist selbst für uns ein mit unaussprechlichen Seufzern“ (vgl. Röm 8,26.27 und 12,2).

Ja, wir sollen Gott bei dem helfen, was er vor hat, und das ist: die Seele von ihrem Eigenwirken freiwerden lassen, um an dessen Stelle sein göttliches Wirken zu setzen.

2

Laßt ihn doch handeln, und seid von euch aus an nichts verhaftet. Mag es euch auch gut erscheinen, es ist für euch dann nicht gut, wenn es euch von dem abwendet, was Gott von euch will. Der Wille Gottes aber ist jedem anderen Gut vorzuziehen. Macht euch frei von euren Eigenbestrebungen und lebt, Gott hingegeben, aus dem Glauben. Hier beginnt der Glaube in der Seele auf hervorragende Weise zu wirken.

XVIII. VON DEN VERFEHLUNGEN

1

Sobald man in einen Fehler verfallen oder vom Weg abgekommen ist, muß man sich in das Innere wenden. Weil diese Verfehlung uns von Gott abgewandt hat, muß man sich ihm so schnell wie möglich zuwenden und die Buße erleiden, die er selbst auferlegt.

Es ist ganz wichtig, sich wegen der Fehler nicht zu beunruhigen, weil die Unruhe nur aus geheimem Stolz und aus Verliebtheit in die eigene Vorzüglichkeit kommt. Es fällt uns schwer, uns wahrzunehmen, wie wir sind.

2

Wenn wir den Mut sinken lassen, schwächen wir uns noch mehr. Wenn wir über unsere Fehler nachgrübeln, führt das zu einer Verdrießlichkeit, die schlimmer ist als der Fehler selbst.

Eine wirklich demütige Seele entsetzt sich nicht über ihre Schwächen. Je erbärmlicher sie sich sieht, desto mehr überläßt sie sich Gott und sucht bei ihm zu bleiben, denn sie sieht, wie sehr sie seiner Hilfe bedarf. Ein solches Verhalten ist für uns um so mehr erforderlich, als Gott selbst uns sagt: „Ich unterweise dich und zeige dir den Weg, den du gehen sollst. Meine Augen will ich stets auf dich richten" (Ps 31,8).

XIX. VON DEN ZERSTREUUNGEN UND VERSUCHUNGEN

1

Kommen Zerstreuungen oder Versuchungen, darf man sie nicht direkt bekämpfen (das würde sie nur vermehren und die Seele aus ihrer Gottzugehörigkeit reißen, von der sie ganz erfaßt sein soll). Vielmehr soll man einfach den Blick abwenden und sich noch inniger Gott nahen – so wie ein kleines Kind, wenn es ein Ungeheuer erblickt, sich nicht damit aufhält, dagegen zu kämpfen, ja nicht einmal es anzuschauen, sondern sich nur noch inniger in den Schoß der Mutter schmiegt, und da befindet es sich in Sicherheit. „Gott ist der Seele mitten inne, sie wird nicht wanken; Gott wird ihr helfen, wenn der Morgen anbricht" (Ps 45,6).

2

Wenn wir es anders machen, werden wir, da wir schwach sind, erfahren, wie wir verwundet, wenn nicht sogar besiegt werden, wo wir doch meinten, unsere Feinde angreifen zu sollen. Aber wenn wir einfach in der Gegenwart Gottes bleiben, werden wir plötzlich stärkende Kraft erfahren.

So hat sich David verhalten: „Ich habe (sagt er) den Herrn immer gegenwärtig vor mir, und ich werde nicht wanken. Darum freut sich mein Herz, und auch mein Leib wird ruhen in Sicherheit“ (Ps 15,8.9). Im Buch Exodus heißt es: „Der Herr wird für euch kämpfen, und ihr sollt in der Ruhe verbleiben“ (Ex 14,14).

XX. VOM GEBET: ALLES UND NICHTS

1

Das Gebet soll Gebet und Opfer sein. Das Gebet ist nach der Offenbarung des Johannes Weihrauch, der zu Gott aufsteigt. Deshalb heißt es, daß der Engel eine Räucherpfanne hielt, in welcher der Weihrauch der Gebete der Heiligen war (vgl. Offb 8,3).

Das Gebet ist ein Sich-Verströmen des Herzens in der Gegenwart Gottes. „Ich habe vor dem Herrn mein Herz ausgeschüttet“ (1 Sam 1,15), sagte die Mutter Samuels. So ist auch das Gebet der königlichen Weisen zu Füßen des Kindes Jesus im Stall von Betlehem bezeichnet durch den Weihrauch, den sie ihm darbrachten.

2

Das Gebet ist nichts anderes als die Glut der Liebe, die die Seele zum Schmelzen bringt, sie umwandelt und zu Gott aufsteigen läßt. In dem Maß, wie sie dahinschmilzt, gibt sie ihren Duft; dieser Duft kommt von der Liebe, in der sie brennt.

Davon sprach die Braut, als sie sagte: „Als mein Geliebter auf seinem Lager war, gab meine Narde ihren Duft“ (vgl. Hld 1,11). Das Lager ist der Grund der Seele. Wenn Gott dort ist und wenn man bei ihm zu bleiben und in seiner Gegenwart zu verharren vermag, wird kraft dieser Gegenwart Gottes die hartgefrorene Seele nach und nach auftauen und sich lösen, und wenn sie schmilzt, verströmt sie ihren Duft.

Darum heißt es: Kaum merkte der Bräutigam, wie seine Braut für ihn hinschmolz, sobald sie ihren Geliebten vernahm, da sprach er zu ihr: „Wer ist sie, die aus der Wüste aufsteigt der kleinen Weihrauchsäule gleich?“ (Hld 3,6, vgl. 5,6).

3

Gleichermaßen steigt die Seele auf zu ihrem Gott. Dazu aber muß sie sich von der Kraft der Liebe verzehren und vernichten lassen. Der Zustand des Geopfertseins ist etwas Wesentliches für die christliche Religion. Die Seele läßt sich verzehren und vernichten, um Gott als dem Herrn zu huldigen, wie geschrieben steht: „Die Herrschermacht Gottes allein ist groß; von den Demütigen wird ihm gehuldigt“ (Sir 3,21). Die Zerstörung unseres Ich-Wesens ist bekennender Lobpreis, daß Gott der höchste Herr ist.

Wir müssen aufhören, zu sein, damit der Geist des göttlichen Wortes in uns leben kann. Damit er zu uns komme, muß unser Leben ihm weichen, und wir müssen uns selber absterben, damit er in uns lebe.

Jesus Christus im Sakrament des Altares ist das Vorbild des mystischen Zustandes. Sobald er durch das Wort des Priesters kommt, muß ihm das Wesen des Brotes weichen, und vom Brot bleibt allein die äußere Gestalt.

Ebenso müssen wir unser Wesen gegenüber dem Wesen Jesu Christi weichen lassen. Wir müssen aufhören zu leben, damit er in uns leben kann. „Dadurch daß wir gestorben sind, ist unser Leben mit Christus verborgen in Gott“ (Kol 3,3). „Geht in mich ein“, sagt Gott, „ihr alle, die ihr mit glühender Liebe nach mir verlangt“ (vgl. Sir 24,26). Wie kann man in Gott eingehen? Das kann nur dadurch geschehen, daß wir aus uns selbst herausgehen, um uns in ihm zu verlieren.

Auf keine andere Weise aber wird sich das vollziehen, als durch unser Zunichtewerden. Dies ist das wahre Gebet, durch das Gott erwiesen wird „Lob und Ehre und Herrlichkeit und Kraft von Ewigkeit zu Ewigkeit“ (Offb 5, 13).

4

Dieses Gebet ist wahrhaft Gebet. Das heißt: „den Vater im Geist und in der Wahrheit anbeten“ (Joh 4, 23). Im Geist, weil wir dadurch unserer menschlichen und irdischen Weise zu handeln entzogen werden, um einzutreten in die Reinheit des Geistes, der in uns betet. Und in der Wahrheit, weil die Seele dadurch in die Wahrheit des göttlichen Alles und des Nichts des Geschöpfes versetzt wird.

Es gibt nur diese zwei Wahrheiten, das ALLES und das NICHTS. Alles andere ist Lüge.

Wir können dem göttlichen ALLES nur dadurch Ehre zuteil werden lassen, daß wir zunichte werden. Und kaum sind wir zunichte geworden, da wird uns Gott, der keine Leere zuläßt, ohne sie zu füllen, mit sich selbst erfüllen.

Wenn man doch die Wohltaten erkennte, die der Seele aus diesem Gebet zufließen! Man würde nichts anderes tun wollen. Das ist die kostbare Perle, das ist der verborgene Schatz. „Wer ihn findet, verkauft in seiner Freude alles, was er besitzt, um ihn zu erwerben“ (Mt 13, 44.45). Das ist der Strom von lebendigem Wasser, das fließt bis ins ewige Leben (vgl. Joh 7, 38). Das heißt Gott im Geist und in der Wahrheit anbeten (Joh 4, 23). Das heißt nach den reinsten Weisungen des Evangeliums leben.

5

Versichert uns Jesus Christus nicht, daß das Reich Gottes mitten in uns ist? (Vgl. Lk 17,21.) Das ist auf zwei Weisen zu verstehen. Die erste tritt ein, wenn Gott so sehr Herr über uns ist, daß ihm nichts mehr Widerstand leistet; dann ist unser Inneres wirklich sein Reich. Und die andere Weise ist, daß wir, wenn wir Gott, das höchste Gut, besitzen, das Reich Gottes besitzen, nämlich die Fülle der Glückseligkeit und das Ziel, auf das hin wir geschaffen wurden. Wie geschrieben steht: Gott dienen heißt herrschen.

Das Ziel, auf das hin wir geschaffen wurden, ist, Gott schon in diesem Leben zu verkosten – und man denkt nicht daran!

XXI. VOM TÄTIGSEIN IM GEBET

1

Wenn manche Menschen vom Gebet der Ruhe hören, meinen sie irrigerweise, daß die Seele dabei unempfindlich, tot und untätig bleibe. Aber es ist sicher, daß sie dabei besser und mit größerer Wirkungsbreite handelt, als sie es jemals bis zu dieser Stufe des Gebets getan hat. Denn hier wird sie von Gott selbst bewegt und handelt durch seinen Geist. Der heilige Paulus will, daß wir uns „vom Geist Gottes bewegen lassen“ (Röm 8,14).

Es heißt ja nicht, daß man überhaupt nicht handeln, sondern daß man in Abhängigkeit von der Bewegung der Gnade handeln soll. Das ist bei Ezechiel in einem wunderbaren Bild ausgedrückt. Dieser Prophet sah, so heißt es, Räder, die den Geist des Lebens in sich hatten, und sie liefen, wohin der Geist sie führte; sie hoben sich und senkten sich, je nachdem, wie sie in Bewegung gebracht wurden, denn der Geist des Lebens war in ihnen; niemals aber rollten sie zurück (vgl. Ez 1,19–21). Genauso muß sich die Seele verhalten. Sie muß sich bewegen und tragen lassen von dem Leben spendenden Geist, der in ihr ist. Sie muß der Bewegung seines Handelns folgen und keiner anderen. Diese Bewegung aber hält sie nie dazu an, zurückzugehen, das heißt, sich auf das Geschöpf zurückzuwenden oder sich auf sich selbst zurückzubeziehen. Sie bringt sie vielmehr dazu, immer voranzugehen und unablässig ihrem Ziel zuzustreben.

2

Dieses Handeln der Seele ist ein Tätigsein voller Ruhe. Wenn sie aus sich selbst handelt, handelt sie mit Anstrengung. Deshalb merkt sie dann ihr Tätigsein deutlicher. Aber wenn sie in Abhängigkeit vom Geist der Gnade handelt, ist ihr Handeln so frei, so leicht, so natürlich, daß es scheint, als handle sie nicht. „Er hat mich ins Weite geführt, und er hat mich gerettet, weil er mich geliebt" (Ps 17,20).

Sobald die Seele auf die Mitte bezogen (vgl. Kapitel 11, Nr. 3 und 4), das heißt, auf dem Weg der Sammlung in das Innere ihrer selbst eingekehrt ist, von diesem Augenblick an ist sie in einer sehr starken Tätigkeit begriffen, in einer Bewegung der Seele auf ihre Mitte hin, die sie an sich zieht und die alles andere Tätigsein an Schnelligkeit weit übertrifft. Nichts kommt der Anziehungskraft zur Mitte hin gleich.

Es ist also ein Handeln, aber ein so vorzügliches, so friedvolles, ruhiges Handeln, daß es der Seele scheint, als handle sie nicht, handelt sie doch wie selbstverständlich.

Wird ein Rad nur mäßig bewegt, so kann man es gut erkennen. Wenn es aber mit großer Schnelligkeit läuft, läßt sich nichts mehr an ihm unterscheiden. Ebenso ist die Seele, die in der Ruhe bei Gott bleibt, in einem unübertrefflichen, erhabenen und dabei ganz friedvollen Tätigsein. Je mehr sie in Ruhe ist, desto schneller eilt sie dahin. Denn sie überläßt sich dem Geist, der sie bewegt und handeln läßt.

3

Dieser Geist ist niemand anderes als Gott, der uns an sich zieht und, indem er uns an sich zieht, zu sich eilen läßt. Das war der von Gott Geliebten wohl bewußt, da sie sagt: „Ziehe mich, und wir werden eilen“ (Hld 1,3). Ziehe mich, o meine göttliche Mitte, durch das Tiefste meiner selbst, und meine Kräfte und Sinne werden dank dieser Anziehung zu dir eilen. Allein schon diese Anziehung ist eine Salbe, die heilt, und ein Duft, der lockt. Wir laufen, sagt sie, auf den „köstlichen Duft deiner Salben“ hin. Er ist eine gewaltig ziehende Kraft und doch eine Kraft, der die Seele ganz frei folgt. Sie ist stark und doch zärtlich, sie zieht durch ihre Stärke zu sich, aber in einem sanften Erheben.

Die Braut sagt: „Ziehe mich, und wir werden eilen.“ Sie spricht von sich und zu sich: „Ziehe mich“, das ist die Einheit der Mitte, von der die Anziehung ausgeht. „Wir werden eilen“, das ist die Antwort, das Eilen aller Kräfte und Sinne, die der Anziehung aus dem Grund der Seele folgen.

4

Es ist also keineswegs die Rede davon, in träger Faulheit zu verharren, sondern vielmehr davon, tätig zu sein unter der Führung des Geistes Gottes, der uns beseelen soll, denn „in ihm und durch ihn leben wir, bewegen wir uns und sind wir“ (Apg 17,28). Diese sanfte Führung durch den Geist Gottes ist absolut notwendig und läßt die Seele in kurzer Zeit zu der Einfachheit und Einheit finden, in der sie geschaffen wurde.

Sie wurde geschaffen als eine und einfach, wie Gott. Um zum Ziel unseres Geschaffenseins zu kommen, müssen wir uns von der Vielheit unserer Handlungen lösen, um in die Einfachheit und Einheit Gottes zu gelangen, „nach dessen Bild wir geschaffen worden sind" (vgl. Gen 1,27). Der Geist Gottes ist „eins und vielfältig" (Weish 7,22), und seine Einheit hindert seine Vielfalt nicht. Wir treten in seine Einheit ein, wenn wir mit seinem Geist vereint sind, weil wir dadurch ein und denselben Geist mit ihm haben. Wir sind vielfältig nach außen hin in dem, was seinen Willensentschlüssen entspricht, ohne aus der Einheit zu fallen.

Auf diese Weise handelt Gott unaufhörlich; wenn wir uns vom Geist Gottes in Bewegung bringen lassen, handeln wir viel mehr als kraft eigenen Tätigseins. Wir müssen uns von der Weisheit führen lassen. „Die Weisheit wirkt mehr als die wirksamsten Dinge" (Weish 7,24). Lassen wir uns also von ihrem Tätigsein führen, und wir werden aufs beste tätig sein.

5

„Alles ist durch das Wort geworden, und nichts ist ohne es geworden" (Joh 1,3). Als Gott uns schuf, hat er uns nach seinem Bild und Gleichnis geschaffen. Er hat uns den Geist des Wortes „in diesem Lebensodem eingehaucht" (Gen 2,7). Er hat ihn uns geschenkt, denn wir wurden nach dem Bild Gottes geschaffen durch die Teilhabe am Leben des göttlichen Wortes, und dieses Wort ist das Bild seines Vaters.

Dieses Leben aber ist eins, einfach, rein, innerlich und immer fruchtbar.

Da der böse Geist dieses schöne Bild durch die Sünde verdorben und entstellt hat, war es notwendig, daß diesselbe göttliche Wort, dessen Geist uns bei unserer Erschaffung eingehaucht wurde, kam, um es wiederherzustellen. Er selbst mußte es sein, weil er das Abbild seines Vaters ist und weil das Bild nicht dadurch wiederhergestellt werden sollte, daß es selbst handelte, sondern dadurch, daß es das Handeln dessen geschehen ließ, der es wiederherstellen wollte.

So muß unser Handeln darin bestehen, uns instand zu setzen, daß wir das Handeln Gottes geschehen lassen, und dem göttlichen Wort Raum zu geben, daß sein Bild neu in uns entstehen kann. Ein Bild, das sich bewegt, würde den Maler hindern, ein Abbild darauf zu bringen. Alle Bewegungen, die wir aus unserem eigenen Geist heraus machen, hindern diesen wunderbaren Maler an der Arbeit und lassen falsche Striche entstehen.

Wir müssen also in der Ruhe bleiben und uns nur bewegen, wenn er uns bewegt. Jesus Christus „hat das Leben in sich" (Joh 5,26). Und so muß er das Leben allem mitteilen, was leben soll.

Der Geist der göttlichen Bewegung ist der Geist der Kirche. Ist die Kirche träge, ohne Wirkung und unfruchtbar? Sie handelt, aber sie handelt unter der Führung des Geistes Gottes, der sie bewegt und leitet.

Der Geist der Kirche soll nun in ihren Gliedern kein anderer sein als in ihr selbst. Deshalb müssen ihre Glieder im Geist der göttlichen Bewegung bleiben, um im Geist der Kirche zu sein.

6

Daß diese Art des Handelns viel edler ist, ist nicht zu bestreiten. Denn die Dinge haben doch sicherlich nur soviel Wert, wie der Ursprung, von dem sie ausgehen, edel, groß und erhaben ist. Die Handlungen, die von einem göttlichen Ursprung gewirkt sind, sind göttliche Handlungen. Im Gegensatz dazu sind die Handlungen des Geschöpfes, wie gut sie auch scheinen, menschliche Handlungen, oder höchstens verdienstvoll, wenn sie mit der Gnade geschehen.

Jesus Christus sagt, daß er das Leben in sich selbst hat. Alle anderen Lebewesen haben nur ein geliehenes Leben, aber das göttliche Wort hat das Leben in sich. Und weil es sich seiner Natur gemäß mitteilt, möchte es den Menschen Leben mitteilen. Wir müssen also diesem Leben Raum geben, damit es in uns einströmen kann. Das kann nur dadurch geschehen, daß wir uns vom Leben Adams und vom eigenen Handeln frei machen und den Verlust ertragen, wie Paulus versichert. „Wenn einer in Jesus Christus ist, dann ist er eine neue Schöpfung; das Alte ist vergangen, alles ist neu geworden" (vgl. 2 Kor 5, 17). Das kann nur geschehen, wenn wir uns selbst sterben, unsere eigenen Handlungsweisen aufgeben, damit das Handeln Gottes an dessen Stelle treten kann.

Es wird also keineswegs behauptet, man solle überhaupt nicht handeln, vielmehr, man solle nur in Abhängigkeit vom Geist Gottes handeln, um seinem Handeln Raum zu geben, damit er an die Stelle des Geschöpfes trete. Das kann nur mit Einwilligung des Geschöpfes geschehen. Und das Geschöpf gibt diese Einwilligung nur, wenn es sein eigenes Handeln zurücknimmt, um dem Handeln Gottes mehr und mehr Platz einzuräumen.

7

Jesus Christus zeigt uns ein solches Verhalten im Evangelium. Martha tat gute Dinge, weil sie sie aber aus ihrem eigenen Geist heraus tat, tadelte Jesus Christus sie. Der Geist des Menschen ist unruhig und umgetrieben. Daher tut er wenig, obwohl er viel zu tun scheint. „Martha", sagte Jesus Christus, „du sorgst und kümmerst dich um vieles, aber eines nur ist notwendig. Maria hat den besseren Teil gewählt, der wird ihr nicht genommen werden" (Lk 10,41.42).

Was hat Maria Magdalena erwählt? Den Frieden, die Ruhe und die Stille. Sie hört auf, nach außen sichtbar zu handeln, um sich vom Geist Jesu Christi bewegen zu lassen. Sie hört auf, zu leben, damit Jesus Christus in ihr lebt.

Deshalb ist es so notwendig, auf sich selbst und das eigene Tun zu verzichten, um Jesus Christus zu folgen. Denn wir können ihm nur folgen, wenn wir von seinem Geist beseelt sind. Damit aber der Geist Jesu Christi in uns kommen kann, muß unser eigener Geist ihm den Platz einräumen. „Wer sich an den Herrn bindet", sagt Paulus, „wird ein Geist mit ihm" (1 Kor 6,17). Und David sagte: „Gut ist es für mich, Gott anzuhangen und auf Gott, den Herrn, meine Hoffnung zu setzen" (Ps 72,28). Was ist dieses Anhangen an Gott? Es ist der Anfang der Vereinigung.

8

Die Vereinigung fängt an, setzt sich fort, wird vollkommen und vollendet sich. Der Anfang der Vereinigung ist die Neigung zu Gott hin. Wenn ihm die Seele in ihrem Inneren in der beschriebenen Weise zugewandt ist, ist sie in ihrer Mitte auf ihn gerichtet und hat eine starke Neigung nach Vereinigung; diese Neigung ist der Anfang. Hierauf hängt die Seele ihm an; das geschieht, wenn sie Gott immer näher kommt. Dann ist sie mit ihm verbunden, und anschließend wird sie eins, das heißt, sie wird ein Geist mit ihm. Jetzt kehrt der Geist, der von Gott ausgegangen ist, in sein Ziel zurück.

9

Man muß also unbedingt diesen Weg gehen, der die göttliche Bewegung und der Geist Jesu Christi ist. Paulus sagt: „Wer den Geist Christi nicht hat, der gehört nicht zu ihm“ (Röm 8,9). Um zu Christus zu gehören, müssen wir uns mit seinem Geist erfüllen lassen und von dem unseren leer werden; er muß weggeräumt sein. An derselben Stelle beweist uns Paulus die Notwendigkeit dieser göttlichen Bewegung. „Alle die“, sagt er, „die sich vom Geist Gottes leiten lassen, sind Kinder Gottes“ (Röm 8,14ff).

Der Geist der Gotteskindschaft ist der Geist der göttlichen Bewegung. Deshalb fährt derselbe Apostel fort: „Der Geist, den ihr empfangen habt, ist kein Geist der Knechtschaft, der euch in Furcht leben läßt, sondern es ist der Geist der Kinder Gottes, durch den wir rufen: Abba, Vater.“ Dieser Geist ist kein anderer als der Geist Jesu Christi, durch den wir seiner Sohnschaft teilhaft werden. „Der Geist selber bezeugt unserem Geist, daß wir Kinder Gottes sind.“

Sobald sich die Seele vom Geist Gottes bewegen läßt, findet sie in sich selbst die Gotteskindschaft bestätigt. Diese Bestätigung erfüllt sie um so mehr mit Freude, als sie sie besser erkennen läßt, „daß sie zur Freiheit der Kinder Gottes berufen ist und daß der Geist, den sie empfangen hat, kein Geist der Knechtschaft, sondern der Geist der Freiheit ist“. Die Seele merkt jetzt, daß sie frei und mit Leichtigkeit handelt und doch mit Kraft und unfehlbar.

10

Der Geist der göttlichen Bewegung ist so notwendig für alles, daß Paulus an derselben Stelle diese Notwendigkeit mit unserer Unwissenheit in den Dingen, die wir erbitten, begründet. „Der Geist“, sagt er, „hilft uns in unserer Schwachheit; denn wir wissen nicht, worum wir bitten sollen, noch wie es recht ist; der Geist selber jedoch bittet für uns mit unaussprechlichen Seufzern.“ Das ist sicher: Wenn wir nicht wissen, was uns not tut, und auch nicht um das, was uns not tut, zu bitten vermögen, wie es recht ist, und wenn es notwendig ist, daß der Geist, der in uns ist und dessen Bewegung wir uns überlassen, es für uns erbittet, müssen wir ihn es dann nicht tun lassen? Er tut es mit unaussprechlichen Seufzern.

Dieser Geist ist der Geist des göttlichen Wortes, das immer erhört wird, wie er selbst es sagt: „Ich weiß, daß du mich immer erhörst" (Joh 11,42). Wenn wir diesen Geist immer in uns bitten und beten ließen, wir würden immer erhört werden. Und warum das? Lehre es uns, großer Apostel, Lehrer der Mystik, Meister des Inneren. Weil, sagt Paulus weiter, er, „der die Herzen erforscht, weiß, was der Geist verlangt, denn er bittet so, wie Gott es will, für die Heiligen" (Röm 8,27). Das heißt, daß dieser Geist nur um das bittet, was dem Willen Gottes entspricht. Der Wille Gottes ist, daß wir gerettet werden und daß wir vollkommen sind. Er bittet also um das, was für unsere Vollkommenheit notwendig ist.

II

Warum lassen wir uns also von überflüssigen Sorgen erdrücken, warum sind wir auf unseren vielen Wegen so erschöpft, ohne doch je zu sagen: Laßt uns ruhen (vgl. Jes 57,10)? Gott selbst lädt uns ein, bei ihm auszuruhen von all unserer Unruhe. Im Buch Jesaja klagt er aus unfaßbarer Güte, daß man die Kraft der Seele, ihren Reichtum, ihre Schätze auf tausend äußere Dinge verwendet, wo es doch so wenig braucht, um in den Genuß der Güter zu kommen, nach denen wir streben: Warum, sagt Gott, verschwendet ihr euer Geld an das, was euch nicht nährt, und eure Arbeit an das, was euch nicht sättigt? „Hört doch auf mich: Nährt euch mit der guten Nahrung, die ich euch gebe, und eure Seele wird sich laben und glücklich sein" (vgl. Jes 55,2).

Wenn ihr doch erkennen würdet, was für ein Glück es

ist, solchermaßen Gott zu hören, und wie sehr die Seele dadurch gestärkt wird! „Alles Fleisch schweige in Gegenwart des Herrn“ (Sach 2,13). Alles muß weichen, sobald er erscheint. Gott möchte uns noch mehr drängen, daß wir uns ihm vorbehaltlos überlassen; deshalb versichert er uns im selben Buch Jesaja: wir hätten nichts zu fürchten, wenn wir uns ihm überlassen, weil er in ganz besonderer Weise für uns sorgen wird. „Kann eine Mutter“, sagt Gott, „ihr Kind vergessen und wird sie sich nicht des Sohnes erbarmen, den sie in ihrem Schoß getragen? Aber selbst wenn sie ihn vergessen könnte, so werde ich dich doch niemals vergessen“ (Jes 49,15). O Worte voller Trost! Wer wollte dann noch fürchten, sich der Führung Gottes zu überlassen?

XXII. VON DEN INNEREN AKTEN

1

Die Handlungen des Menschen sind entweder innere oder äußere. Äußere Akte werden nach außen sichtbar, im Hinblick auf irgendein wahrnehmbares Objekt. Ihr sittliches Gut- oder Bösesein erhalten sie ausschließlich von dem inneren Prinzip, von dem sie ausgehen. Ich will aber nicht von diesen Akten reden, sondern nur von den inneren, von den Handlungen der Seele, durch die sie sich innerlich einem Objekt zuwendet oder sich auch von einem anderen abwendet.

2

Wenn ich, Gott zugewandt, einen Akt anderer Art vollziehen will, wende ich mich von Gott ab und wende mich den geschaffenen Dingen zu, mehr oder weniger, je nachdem wie intensiv mein Handeln ist. Wenn ich, dem Geschaffenen zugewandt, zu Gott zurückkehren will, muß ich einen Akt vollziehen, um mich vom Geschaffenen abzuwenden und Gott zuzuwenden. Je vollkommener dieser Akt ist, um so ganzheitlicher ist die Umkehr.

Bis zur vollkommenen Umkehr brauche ich eine Reihe von Akten, um mich Gott zuzuwenden. Die einen machen sie auf einmal, andere nach und nach; aber mein Handeln muß mich dahin bringen, mich Gott zuzuwenden, indem ich die ganze Kraft meiner Seele für ihn verwende, gemäß dem Rat Sirachs: „Vereinige alle Bewegungen deines Herzens in der Heiligkeit Gottes" (Sir 30,24). So machte es auch David: „Ich will meine ganze Kraft für dich bewahren" (Ps 58,10). Das geschieht, wenn man sich ganz stark in sich selbst zurückzieht, so wie die Schrift sagt: „Kehrt zurück zu eurem Herzen" (vgl. Jes 46,3).

Denn durch die Sünde sind wir von unserem Herzen entfernt. Daher verlangt Gott nichts als unser Herz. „Mein Sohn, gib mir dein Herz, und laß deine Augen immer auf meinen Weg gerichtet sein" (Spr 23,26). Sein Herz Gott geben heißt: immer den Blick und die ganze Kraft der Seele auf ihn gerichtet halten, um seinem Willen zu folgen. Man muß ganz Gott zugewandt bleiben, sobald man sich für ihn entschieden hat.

Da aber der Geist des Menschen unbeständig ist, läßt sich die Seele, weil sie daran gewöhnt ist, sich nach außen zu wenden, leicht ablenken und von Gott abbringen. Sobald sie bemerkt, daß sie sich äußeren Dingen zugewandt hat, muß sie sich durch einen einfachen Akt der Umkehr zu Gott ihm wieder übergeben. Dann bleibt der Akt solange bestehen, wie ihre Umkehr aufgrund ihrer einfachen und aufrichtigen Hinwendung zu Gott andauert.

3

Und weil mehrere wiederholte Akte zu einer inneren Haltung werden, nimmt die Seele die Haltung der Umkehr an durch einen Akt, der später als Haltung fortdauert.

Dann muß die Seele sich nicht bemühen, nach diesem Akt zu suchen, um ihn auszuführen, weil er ja noch andauert. Sie kann es nicht einmal ohne sehr große Schwierigkeiten. Es kommt sogar vor, daß sie unter dem Vorwand, ihn zu suchen, sich aus dem Zustand herausbegibt, in dem sie sich befindet. Das darf sie niemals tun, weil er als innere Haltung andauert und sie in einer dauernden Haltung der Umkehr und Liebe lebt. Man sucht einen Akt durch andere Akte, anstatt sich durch einen einfachen Akt der Hinwendung an Gott allein zu binden.

Man wird feststellen, daß es manchmal leicht ist, solche Akte einfach, aber mit Unterscheidung, zu setzen. Es ist ein Zeichen, daß man sich abgewandt hatte und in sein Herz zurückkehrt, aus dem man sich entfernt hatte. Dort bleibe man in Ruhe, sobald man dorthin zurückgekehrt ist.

Wenn man aber glaubt, man brauchte überhaupt keine Akte mehr, irrt man sich; denn man vollzieht immer wieder Akte, aber jeder soll sie gemäß seiner Stufe vollziehen.

4

Diese Wegstrecke macht den meisten, die einen geistlichen Weg gehen, Schwierigkeiten aus Mangel an Verständnis. Um das aufzuklären, muß man wissen, daß es Akte gibt, die von kurzer Dauer und klar unterschieden sind, Akte, die andauern, unmittelbare Akte und reflektierte Akte. Nicht alle Menschen vermögen die erstgenannten zu vollziehen, und nicht alle sind in der Lage, die anderen zu vollziehen.

Die erstgenannten lassen sich von Menschen vollziehen, die sich abgewandt haben. Sie müssen sich umwenden durch einen Akt, der sich klar unterscheidet und der mehr oder weniger entschieden ist, je nachdem, wieweit die Abwendung sie weggeführt hat. Wenn die Abwendung gering war, genügt einer der einfachsten Akte.

5

Einen Akt, der andauert, nenne ich den, durch den die Seele immer ihrem Gott in einem unmittelbaren Akt zugewandt ist, den sie nicht erneuern muß, es sei denn, er wäre unterbrochen worden. Die Seele, die in dieser Weise Gott ganz zugewandt ist, ist in der Liebe und bleibt darin. Und „wer in der Liebe bleibt, der bleibt in Gott" (Joh 4, 16). So ist die Seele in einer bleibenden Haltung dieses Aktes und findet darin ihre Ruhe. Aber ihre Ruhe ist nicht träge Handlungslosigkeit, denn da ist ja ein Akt, der ständig andauert: ein beseligendes Eintauchen in Gott, wobei Gott die Seele immer stärker an sich zieht. Indem sie dieser starken Anziehung folgt und in seiner Zuneigung und Liebe bleibt, taucht sie immer tiefer in eben diese Liebe, und so steht sie in einer unendlich viel stärkeren, entschiedeneren, schnelleren Handlungsweise, als der Akt sie hat, der nur dazu dient, die Rückkehr herbeizuführen.

6

Die Seele also, die ganz ihrem Gott zugewandt ist und sich in diesem tiefen und starken Akt befindet, nimmt diesen inneren Akt nicht wahr, weil er unmittelbar und nicht reflektiert ist. So kommt es, daß ein solcher Mensch, wenn er sich nicht gut ausdrückt, sagt, daß er gar nicht mehr handelt. Aber er irrt sich, er handelte nie besser, nie wirksamer. Er müßte sagen: Ich unterscheide keine einzelnen Akte mehr, und nicht: Ich vollziehe keinerlei Akte.

Die Seele setzt keine Akte aus sich selbst, das gebe ich zu, aber sie wird gezogen, und sie folgt dem, was sie zieht. Die Liebe ist das Gewicht, das sie hineinzieht. So, wie ein Mensch, der ins Meer fällt, hineingezogen wird und ins Unendliche sinken würde, wenn das Meer unendlich wäre: Ohne dieses Hingezogenwerden zu bemerken, würde er mit unglaublicher Geschwindigkeit in die größte Tiefe versinken.

Es ist ungenau ausgedrückt, wenn man sagt, man handle überhaupt nicht. Alle handeln, aber nicht alle auf die gleiche Weise. Das Mißverständnis kommt daher, daß alle die, die wissen, daß man Akte setzen muß, sie deutlich unterschieden und wahrnehmbar haben möchten. Das geht nicht. Wahrnehmbare Akte sind für den Anfänger, und die anderen sind für die fortgeschrittenen Seelen.

Wenn man bei den erstgenannten Akten stehenbleibt, die schwach sind und wenig weiterführen, dann heißt das, sich der letzten berauben. Ebenso wäre es ein Mißverständnis, die letzten tun zu wollen, bevor man die ersten vollzogen hat.

7

„Alles hat seine Zeit" (Koh 3, 1). Jeder Zustand hat seinen Anfang, sein Fortschreiten und sein Ende. Wenn man immer am Anfang stehenbleiben will, ist das ein arges Mißverständnis. Es gibt keine Kunst, die nicht ihren Fortgang hat. Am Anfang muß man mit Anstrengung arbeiten, aber dann kann man die Frucht seiner Arbeit genießen.

Wenn das Schiff im Hafen ist, haben die Schiffsleute Mühe, es aufs offene Meer zu bringen; aber dann steuern sie es leicht in die Richtung, in der sie es haben wollen. So ist es auch, wenn sich die Seele noch in der Sünde und bei den Geschöpfen aufhält. Da bedarf es großer Anstrengungen, sie herauszuziehen. Die Stricke müssen gelöst werden, die sie festgebunden halten; mit Hilfe energischer und kräftiger Akte muß versucht werden, die Seele ins Innere zu ziehen und sie von ihrem eigenen Hafen immer weiter zu entfernen. Dadurch, daß man sie davon entfernt, wendet man sie ins Innere, an den Ort, wohin man reisen möchte.

8

Wenn das Schiff in dieser Weise umgewandt ist, entfernt es sich, je mehr es ins Meer hinaus kommt, immer weiter vom Festland. Und je weiter es sich vom Festland entfernt, um so weniger Anstrengung ist nötig, es zu lenken. Schließlich fängt man an, ganz sanft zu gleiten, und das Schiff kommt so schnell voran, daß man das Rudern aufgeben muß; es ist unnütz geworden. Was macht jetzt der Steuermann? Er begnügt sich, die Segel zu setzen und das Steuer zu halten.

Die Segel setzen, das heißt, im Inneren beten, sich Gott einfach aussetzen, um von seinem Geist bewegt zu werden. Das Steuer halten, das heißt, unser Herz daran hindern, vom rechten Weg abzuweichen, sondern es entsprechend der Bewegung des Geistes Gottes sanft zu lenken und zu führen; er wird sich nach und nach dieses Herzens bemächtigen, so wie der Wind nach und nach kommt, um die Segel zu blähen und das Schiff vorwärts zu treiben. Solange das Schiff mit dem Wind fährt, ruhen sich Steuermann und Matrosen von ihrer Arbeit aus. Welch weiten Weg legen sie zurück, ohne müde zu werden! Sie ruhen aus und lassen das Schiff vom Wind treiben und kommen doch in einer Stunde weiter als vorher mit all ihren Anstrengungen in sehr viel mehr Zeit. Wenn sie nun noch rudern wollten, wäre ihre Arbeit – abgesehen davon, daß sie sich dabei ganz erschöpften – nutzlos; sie würden das Schiff nur aufhalten.

Dies ist die Haltung, die wir in unserem Inneren bewahren sollen. Wenn wir auf diese Weise vorgehen, werden wir durch die göttliche Bewegung in kurzer Zeit schneller vorankommen als auf jede andere Art mit viel eigener Anstrengung. Wenn man doch diesen Weg gehen wollte – man würde finden, daß er der leichteste der Welt ist.

9

Wenn einem der Wind ins Gesicht bläst, wenn Wind und Sturm stark sind, muß man den Anker in das Meer werfen, um das Schiff festzuhalten. Dieser Anker ist nichts anderes als das Vertrauen auf Gott und die Hoffnung auf seine Güte, während man in Geduld auf die Ruhe und Stille wartet und darauf, daß der günstige Wind wiederkehrt. So machte es David: „Ich wartete und wartete auf den Herrn“, sagt er, „und endlich neigte er sich zu mir“ (Ps 39, 1).

Man muß sich also dem Geist Gottes überlassen und sich von seinen Bewegungen führen lassen.

XXIII. MAHNUNG AN DIE SEELSORGER

I

Wenn alle die, die in der Seelsorge arbeiten, sich bemühen würden, die Menschen durch das Herz zu gewinnen und sie zuerst ins innere Gebet und ins innere Leben einzuführen, würden sie große, dauerhafte Bekehrungen erleben. Aber solange man nur von außen vorgeht und Menschen – statt sie dadurch zu Jesus Christus zu ziehen, daß ihr Herz sich von ihm erfassen läßt – nur mit tausend Vorschriften für äußere Übungen belastet, wird das wenig Frucht bringen und nicht von Dauer sein.

Wenn die Pfarrer auf dem Land sich bemühen würden, ihre Pfarrkinder auf diese Weise zu unterrichten, dann wären die Hirten, während sie ihre Herden hüteten, vom Geist der alten Einsiedler erfüllt. Die Bauern würden sich ganz glücklich mit Gott unterhalten, während sie ihren Pflug führen. Die Tagelöhner, die sich in ihrer Arbeit aufreiben, würden dabei Früchte für die Ewigkeit ernten. Alle Laster würden in kurzer Zeit gebannt und alle Pfarrkinder zu Kindern des Geistes werden.

2

Wenn das Herz gewonnen ist, ändert sich alles übrige leicht zum Guten. Deshalb fordert Gott vor allem das Herz. Mit diesem Mittel allein ließen sich Trunksucht, Gotteslästerungen, Schamlosigkeiten, Feindschaften, Räubereien, wie sie gewöhnlich bei den Leuten auf dem Land herrschen, eindämmen. Jesus Christus würde überall in Frieden herrschen, und allerorts würde sich das Gesicht der Kirche erneuern.

Die Irrlehren sind durch den Verlust des Inneren in die Welt gekommen. Würden wir uns wieder nach innen wenden, wären sie schnell verschwunden. Der Irrtum kann sich nur der Seelen bemächtigen, denen Glauben und Gebet fehlen. Wenn wir unsere verirrten Brüder lehren könnten, einfach zu glauben und innerlich zu beten, anstatt viel mit ihnen zu diskutieren, würden wir sie behutsam zu Gott zurückbringen.

Welch unschätzbarer Verlust geschieht durch Vernachlässigung des Inneren! Welche Rechenschaft werden die Leute, die für die Seelen Verantwortung vor Gott tragen, ablegen müssen, weil sie diesen verborgenen Schatz nicht all denen aufgedeckt haben, für die sie den Dienst des Wortes verrichten.

3

Man entschuldigt sich und sagt, es gebe auf diesem Weg Gefahren, oder es könnten einfache Leute die Dinge des Geistes nicht fassen. Der Spruch der Wahrheit versichert uns das Gegenteil: „Der Herr gibt seine Liebe denen, die auf einfachem Wege gehen“ (vgl. Spr 12,22).

Welche Gefahr sollte denn darin liegen, auf dem einen Weg zu gehen, der Jesus Christus ist, sich ihm hinzugeben, unaufhörlich auf ihn zu schauen, alles Vertrauen auf seine Gnade zu setzen und alle Kräfte auf seine reine Liebe zu richten?

4

Die einfachen Seelen sind solcher Vollkommenheit keineswegs unfähig, im Gegenteil, sie sind dafür sogar geeigneter, weil sie lernbereiter, demütiger und unbelasteter sind. Die Künste schlußfolgernden Denkens sind ihnen fremd, darum sind sie auch nicht so verhaftet an die Lichter ihres eigenen Verstandes. Zudem leben sie ohne gelehrtes Wissen, darum lassen sie sich leichter vom Geist Gottes bewegen. Die anderen dagegen, die durch ihre Selbstgefälligkeit behindert und geblendet sind, widersetzen sich viel mehr der göttlichen Führung.

Daher erklärt uns Gott, daß „er den Kleinen Einsicht gibt" in sein Gesetz (Ps 118, 130). Er versichert uns auch, daß er es liebt, „mit einfachen Menschen vertrauten Umgang zu haben" (Spr 3, 32). „Der Herr behütet die Einfachen; ich war in Not, und er hat mich errettet" (Ps 114, 6). Die Seelenführer sollten sich hüten und die Kinder nicht daran hindern, zu Jesus Christus zu gehen. „Laßt die Kinder zu mir kommen", sagt er zu seinen Aposteln, „denn ihrer ist das Himmelreich" (Mt 19, 14). Jesus Christus sagt das zu seinen Aposteln nur, weil sie die Kinder daran hindern wollten, zu ihm zu kommen.

5

Oft wendet man ein Heilmittel für den Körper an, und die Krankheit sitzt im Herzen. Die Ursache, warum man so wenig Erfolg hat, die Menschen, vor allem die arbeitenden, zu ändern, liegt darin, daß man vom Äußeren her ansetzt und daß alles, was man damit bewirken kann, alsbald vergeht. Gäbe man ihnen aber zuerst den Schlüssel zum Inneren, würde sich als Folge davon auch das Äußere ändern, und das mit ganz natürlicher Leichtigkeit.

Es ist sehr leicht. Sie sollen lernen, Gott in ihrem Herzen zu suchen, an ihn zu denken, zu ihm zurückzukehren, wenn sie sich zerstreuen ließen, alles in der Absicht zu tun und zu lassen, daß sie Gott gefallen. Das ist der Weg, sie zur Quelle aller Gnaden zu führen und sie dort alles finden zu lassen, was für ihre Heiligung notwendig ist.

6

Ihr alle, die ihr im Dienst der Seelen steht, laßt euch beschwören, sie zuerst auf jenen Weg zu bringen, der Jesus Christus ist. Er selbst beschwört euch bei dem Blut, das er für die euch anvertrauten Seelen vergossen hat. „Redet Jerusalem ins Herz" (Jes 40, 2). Ihr, die ihr seine Gnade vermittelt, sein Wort predigt, seine Sakramente spendet, helft, sein Reich zu errichten. Um es aber wirklich zu errichten, laßt es in den Herzen zur Herrschaft kommen. Denn da sich seinem Reich allein das Herz widersetzen kann, so wird Gott als dem Herrn die meiste Ehre erwiesen, wenn das Herz sich ihm unterwirft. „Gebt der Heiligkeit Gottes die Ehre, und er wird eure Heiligung werden" (Jes 8, 13.14). Macht eigene Katechismen, um zu lehren, wie man innerlich betet, und zwar nicht mit Verstandeskräften oder bestimmten Methoden (einfache Menschen wären dazu nicht in der Lage), vielmehr: Lehrt sie das Gebet des Herzens und nicht des Kopfes, das Gebet des göttlichen Geistes und nicht menschlicher Erfindungsgabe.

7

Aber leider sucht man nach ausgeklügelten Gebeten, und da man sie allzu kunstgerecht haben möchte, macht man sie unmöglich. Man hat die Kinder von dem besten aller Väter abgewendet, nur weil man ihnen eine allzu ausgefeilte Sprache beibringen wollte. Kommt, ihr armen Kinder, redet mit eurem himmlischen Vater in eurer natürlichen Sprache; wie grob und plump sie auch sein mag, für ihn ist sie es nicht. Ein Vater liebt mehr ein Gestammel voller Liebe und Ehrfurcht, das er von Herzen kommen sieht, als eine feierliche, ausgeklügelte Ansprache, die kalt, leblos und unfruchtbar ist. Schon ein Aufblick voller Liebe kann ihn erfreuen und entzücken. Darin liegt unendlich viel mehr als in allen klugen Reden und Überlegungen.

8

Weil man Gott, die Liebe selbst, meinte mit Methode lieben zu lernen, ist viel von dieser Liebe verlorengegangen. Es ist doch nicht nötig, eine Kunst des Liebens zu lernen. Die Sprache der Liebe klingt für den, der nicht liebt, bar-

barisch. Für den, der liebt, ist sie ganz natürlich. Niemals lernt man besser Gott zu lieben, als dadurch, daß man ihn liebt. Dabei werden oft die Gröbsten die Geschicktesten, weil sie viel einfacher und herzlicher vorgehen. Der Geist Gottes braucht unsere Kunstfertigkeiten nicht. Wenn es ihm gefällt, nimmt er Viehhirten, um daraus Propheten zu machen. Er schließt den Palast des Gebets keineswegs vor irgendeinem Menschen zu, wie man sich das vorstellt, vielmehr hält er alle Türen für alle geöffnet. Die Weisheit hat den Auftrag, auf den öffentlichen Plätzen auszurufen: „Wenn einer klein ist, komme er zu mir. Und zu den Unwissenden hat sie gesagt: Kommt, eßt das Brot, das ich euch gebe, und trinkt den Wein, den ich euch bereitet habe" (Spr 9,4.5). Und preist Jesus Christus nicht seinen Vater, „weil er das vor den Weisen und Klugen verborgen, den Unmündigen aber offenbart hat" (Mt 11,25)?

XXIV. DER WEG ZUR VEREINIGUNG

I

Es ist unmöglich, zur Vereinigung mit Gott zu gelangen allein auf dem Weg der Betrachtung oder der liebenden Empfindungen oder eines noch so lichtvollen und umfassenden Gebets. Dafür gibt es mehrere Gründe; dies sind die wichtigsten: Erstens „Kein Mensch kann Gott schauen, solange er lebt" (vgl. Ex 33,20). Alle Übungen aber des betrachtenden Gebets und selbst der aktiven Kontemplation – als Ziel und nicht als Vorbereitung zur passiven Kontemplation angesehen – sind Übungen von „noch Lebenden", durch die wir Gott nicht schauen, und das heißt, mit ihm nicht vereint sein können. Es ist notwendig, daß alles, was vom Menschen und von seinem eigenen Bemühen stammt, so edel und erhaben es auch sein mag, daß dies alles stirbt.

Johannes berichtet, daß „im Himmel ein großes Schweigen eintrat" (Offb 8, 1). Der Himmel stellt Grund und Mitte der Seele dar, wo alles im Schweigen verharren muß, wenn Gottes Herrlichkeit hierin erscheint. Alles, was eigene Anstrengung und Eigenmächtigkeit ist, muß zunichte werden. Denn nichts steht Gott entgegen außer Eigenmächtigkeit, und alle Bosheit des Menschen liegt in dieser Eigenmächtigkeit als der Quelle seiner Bosheit. Je mehr daher eine Seele ihre Eigenmächtigkeit verliert, desto reiner wird sie. Was für eine Seele, die sich selbst lebt, ein Fehler wäre, ist es nicht mehr (wegen der Reinheit und Unschuld, die sie angenommen hat), sobald sie ihre Eigenmächtigkeit verloren hat, die zur Ursache der Unähnlichkeit zwischen Gott und der Seele wurde.

2

Zweitens: Um zwei Dinge zu vereinen, die so entgegengesetzt sind wie die Reinheit Gottes und die Unreinheit des Geschaffenen, die Einfachheit Gottes und die Vielheit des Menschen, muß Gott auf besondere Weise wirken. Denn das kann nie durch Eigenkraft des Geschöpfes geschehen, weil zwei Dinge nicht eins werden können, wenn sie keine Beziehung und Ähnlichkeit miteinander haben. So wird sich ein unreines Metall nie mit ganz reinem feinen Gold verbinden.

3

Was tut also Gott? Er schickt seine eigene Weisheit vor sich her, wie Feuer auf die Erde gesandt wird, um durch sein Wirken alles, was es Unreines gibt, zu verzehren. Das Feuer verzehrt alle Dinge, und nichts widersteht seinem Wirken. Ebenso ist es mit der Weisheit; sie verzehrt alle Unreinheit im Geschöpf, um es zur Vereinigung mit Gott zu bereiten.

Diese Unreinheit, die der Vereinigung so entgegengesetzt ist, ist die Eigenmächtigkeit und das Eigenhandeln. Die Eigenmächtigkeit, weil sie die Quelle der wirklichen Unreinheit ist, die niemals mit der wesensmäßigen Reinheit verbunden werden kann, ebenso wie die Sonnenstrahlen den Schmutz wohl berühren können, aber sich nicht mit ihm vereinen; das Eigenhandeln, weil Gott in unendlicher Ruhe ist und weil die Seele, damit sie mit ihm vereint werden kann, seiner Ruhe teilhaft werden muß. Sonst kann sie wegen der Unähnlichkeit nicht zur Einheit mit ihm kommen, denn um zwei Dinge zu vereinen, müssen sie in einer verhältnisentsprechenden Ruhe sein.

Aus diesem Grund kommt die Seele nur zur Vereinigung mit Gott, wenn sie ihren Eigenwillen zur Ruhe bringt. Und deshalb kann sie nur mit Gott vereint werden, wenn sie zu einer Ruhe von der Mitte her kommt und zu der Reinheit, in der sie geschaffen ist.

4

Um die Seele zu reinigen, bedient sich Gott der Weisheit, wie man das Feuer gebraucht, um Gold zu reinigen. Es ist sicher, daß Gold nur durch Feuer gereinigt werden kann; das Feuer verzehrt nach und nach alles, was an Irdischem und Fremdem da ist, und trennt es vom Gold. Wenn Gold verarbeitet werden soll, genügt es nicht, daß Erde in Gold verwandelt wurde; es ist vielmehr nötig, daß das Feuer es schmilzt und auflöst, um aus seiner Substanz alles auszusondern, was ihm noch an Fremdem und Irdischem geblieben ist. Gold wird so viele Male ins Feuer getan, bis es jede Unreinheit und jede Möglichkeit, noch gereinigt zu werden, verliert.

Wenn der Goldschmied keine Vermischung mehr darin finden kann, weil es seine vollkommene Reinheit und Lauterkeit erlangt hat, kann das Feuer an diesem Gold nichts mehr bewirken; auch in hundert Jahren würde es nicht reiner und nicht weniger werden. Jetzt ist es geeignet, die großartigsten Werke aus ihm zu machen.

Und wenn dieses Gold in der Folgezeit unrein wird, dann ist das Schmutz, der durch Umgang mit Fremdkörpern erneut angenommen wurde. Aber jetzt besteht der Unterschied, daß diese Unreinheit nur oberflächlich ist und die Verarbeitung nicht behindert. Im Gegensatz dazu war jene andere Unreinheit mitten im Gold verborgen und gleichsam mit seiner Natur vereint. Wenn jedoch Leute, die sich nicht auskennen, gereinigtes Gold sehen, das außen mit Schmutz bedeckt ist, werden sie weniger Wert darauf legen als auf grobes, sehr unreines Gold, dessen Äußeres glänzt.

5

Darüber hinaus werdet ihr bemerken, daß Gold von einem geringen Reinheitsgrad sich nicht mit dem eines höheren Reinheitsgrades verbinden kann. Notwendigerweise wird das eine Unreinheit vom anderen annehmen, oder dieses erhält Anteil an der Reinheit von jenem. Gereinigtes Gold mit rohem zusammenbringen, das wird der Goldschmied niemals tun. Was macht er dann? Er wird jede irdische Beimischung bei diesem Gold im Feuer ausschmelzen, um es mit der Reinheit des ersteren verbinden zu können. So steht es bei Paulus: „Was das Werk eines jeden taugt, wird das Feuer prüfen“, damit verbrennt, was verbrannt werden kann. Und weiter heißt es: Der Mensch, dessen Werke verbrannt zu werden vermögen, „wird gerettet werden, doch wie durch Feuer hindurch“ (1 Kor 3, 13.15). Das heißt, daß es Werke gibt, die angenommen und gültig sind. Damit aber auch der, der sie getan hat, ebenso rein wird, müssen sie durch das Feuer gehen, damit die Eigenmächtigkeit von ihnen genommen wird. In diesem Sinn wird Gott prüfen, „unsere Gerechtigkeit richten“ (Ps 74,3), „weil kein Mensch durch die Werke des Gesetzes gerecht wird, sondern durch die Gerechtigkeit des Glaubens, die von Gott kommt“ (Röm 3,20.22).

6

Dies vorausgesetzt, sage ich: Damit der Mensch mit seinem Gott vereint wird, muß seine Weisheit zusammen mit der göttlichen Gerechtigkeit wie ein unerbittlich verzehrendes Feuer alles aus der Seele tilgen, was sie an Eigenmächtigkeit, Irdischem, der Sünde Verhaftetem und an Eigenhandeln aufweist. Wenn das alles aus der Seele getilgt ist, kann Gott sich mit ihr vereinen.

Das geschieht niemals durch die Anstrengung des Geschöpfes; im Gegenteil, es erleidet es unter Schmerzen. Denn, wie gesagt, der Mensch liebt seine Eigenmächtigkeit so sehr und fürchtet sein Zunichtewerden so stark, daß der Mensch niemals zustimmen würde, wenn Gott es nicht von sich aus und mit seiner Macht bewirkte.

7

Dem wird man entgegenhalten, daß Gott niemals dem Menschen die Freiheit nimmt und daß also der Mensch immer Gott Widerstand leisten kann, und daraus folge, daß ich nicht sagen dürfe, Gott handle in absoluter Weise und ohne Zustimmung des Menschen.

Zur Verdeutlichung sage ich: Es genügt, wenn der Mensch eine passive Zustimmung gibt, um seine ganze und volle Freiheit zu wahren. Denn wenn er sich vom Beginn seines Weges an Gott übergeben hat, damit dieser aus sich und durch sich alles mache, was er wolle, hat er von da an eine aktive und umfassende Zustimmung zu allem gegeben, was Gott tun könnte. Wenn dann Gott zunichte macht, ausbrennt und reinigt, sieht die Seele nicht, wie das für sie von Vorteil sein soll; sie glaubt vielmehr das Gegenteil. Und ebenso, wie es zu Beginn den Anschein hat, als beschmutze das Feuer das Gold, so scheint auch dieses Verfahren die Seele ihrer Reinheit zu berauben. Wenn jetzt eine aktive und ausdrückliche Einwilligung erforderlich wäre, würde es der Seele schwer fallen, sie zu geben, und nicht selten würde sie sich weigern. Was sie aber durchaus machen kann, ist, eine passive Zustimmung zu geben und, so gut sie es kann, dieses göttliche Läuterungsverfahren, das sie nicht verhindern kann und will, auf sich zu nehmen.

8

Gott reinigt also diese Seele von allem eigenmächtigen, unterschiedenen, von ihr selbst wahrgenommenen, in die Vielheit zerstreuten Handeln, das eine große Unähnlichkeit bewirkt, und führt sie dann nach und nach zur Gleichförmigkeit und schließlich zur Einförmigkeit mit sich selbst. Das geschieht dadurch, daß er die passive Fähigkeit des Geschöpfes hebt, weitet und adelt, wenn auch auf verborgene und unbekannte Weise, die man darum mystisch nennt. Zu all diesen Vorgängen aber muß die Seele beitragen auf passive Weise.

Zwar ist es richtig, daß sie am Anfang, bevor sie dahin kommt, mehr handelt. In dem Maß aber, wie das göttliche Läuterungsverfahren kräftiger wird, muß die Seele allmählich und immer mehr Gott Raum geben, bis dahin, daß er sie ganz erfüllt. Doch dauert das lange Zeit.

9

Es wird also nicht behauptet, wie einige geglaubt haben, daß man nicht den Weg des Tätigseins einschlagen müsse, ist doch ganz im Gegenteil das Tätigsein das Tor, durch das man gehen muß. Sondern es heißt nur, daß man dabei nicht für immer stehenbleiben darf. Der Mensch soll ja auf die letztendliche Vollkommenheit gerichtet sein, und er wird das Ziel niemals erreichen können, wenn er nicht die ersten Hilfsmittel hinter sich läßt, die am Anfang des Weges für ihn notwendig waren, die ihm aber beim Weitergehen sehr schaden würden, wollte er eigensinnig daran festhalten; denn sie würden ihn daran hindern, sein Ziel zu erreichen. Darum sagt Paulus: „Ich lasse, was hinter mir liegt, und ich suche weiterzukommen, damit ich meinen Lauf vollende" (vgl. Phil 3,13).

Würde man nicht von einem Menschen sagen, er hätte den Verstand verloren, wenn dieser eine Reise beginnen und bei der ersten Herberge beenden würde, denn ihm sei versichert worden, daß viele da vorbeigekommen, einige geblieben seien, und auch die Besitzer des Hauses hielten sich dort auf? Was man von den Seelen wünscht, ist, daß sie auf ihr Ziel zugehen, daß sie den kürzesten und leichtesten Weg nehmen, daß sie nicht an der ersten Stelle stehenbleiben und daß sie den Rat des Apostels Paulus befolgen, „sich vom Geist Gottes bewegen zu lassen" (Röm 8,14). Dieser wird sie zu dem Ziel führen, für das sie geschaffen wurden und das ist: Gott zu verkosten.

10

Es ist seltsam: Wir wissen zwar durchaus, daß wir nur dazu geschaffen sind und daß jede Seele, die nicht schon von diesem Leben aus zur Vereinigung mit Gott und zu der Reinheit, in der sie geschaffen wurde, gelangt, lange im Läuterungsort durchglüht werden muß, um diese Reinheit zu erreichen, und dennoch wollen wir nicht ertragen, daß Gott uns schon unmittelbar von diesem Leben aus dahin führt. Es ist gerade so, als ob das, was einst die vollendete Herrlichkeit ausmachen soll, in diesem irdischen Leben nur Übel und Unvollkommenheit verursachen würde.

11

Jeder weiß sehr wohl, daß Gott das höchste Gut ist, daß das Wesen der Seligkeit in der Vereinigung mit Gott besteht, daß die Heiligen mehr oder weniger groß sind, je nachdem, ob diese Einheit mehr oder weniger vollkommen ist, und daß sich diese Vereinigung in der Seele nur ohne jegliches eigenes Zutun vollziehen kann, denn Gott teilt sich der Seele nur in dem Maße mit, wie ihre passive Aufnahmefähigkeit groß, edel und weit geworden ist. Man kann mit Gott nicht vereint werden ohne diese Aufnahmefähigkeit und Einfachheit. Da diese Vereinigung die Seligkeit selbst ist, kann der Weg, der uns zu dieser passiven Fähigkeit führt, nicht schlecht sein. Im Gegenteil, er ist sehr gut, und es besteht überhaupt keine Gefahr, ihn zu gehen.

12

Dieser Weg ist nicht gefährlich. Wenn er es wäre, hätte ihn Jesus Christus dann zum vollkommensten und notwendigsten aller Wege gemacht? Alle können ihn gehen. Da alle zur Seligkeit berufen sind, sind auch alle berufen, Gott in diesem und im kommenden Leben zu verkosten. Denn das Verkosten Gottes macht unsere Seligkeit aus.

Ich spreche von Gott selbst und nicht von seinen Gaben, die nicht das Wesen der Seligkeit ausmachen können, weil sie die Seele nicht völlig befriedigen können. Denn die Seele ist so edel und so groß, daß alle Gaben Gottes, und wären es die höchsten, sie nicht glücklich machen könnten, wenn Gott sich ihr nicht selber gäbe. Alles Verlangen Gottes geht dahin, sich selber seinem Geschöpf zu geben gemäß der Aufnahmefähigkeit, die er ihm verliehen. Und da fürchtet man sich, sich Gott zu überlassen! Man fürchtet sich davor, ihn zu besitzen, sich der Vereinigung mit Gott auszusetzen!

13

Man sagt, daß man nicht von sich aus beginnen darf. Dem stimme ich zu. Aber ich sage auch, daß überhaupt kein Geschöpf je von sich aus beginnen könnte, weil sich kein Geschöpf auf der Welt – auch mit allen eigenen Kräften nicht – mit Gott zu vereinigen vermag, sondern daß Gott sich mit ihm vereinigen muß.

Wenn man sich nicht aus sich selbst heraus mit Gott vereinigen kann, dann hieße es Hirngespinste schelten, würde man jene schelten, die sich von sich aus daran versuchen.

Man kann einwenden, es würde nur vorgetäuscht, dort zu sein. Ich sage, daß man das nicht vortäuschen kann. Denn einer, der vor Hunger stirbt, kann nicht – vor allem nicht für lange Zeit – vortäuschen, in völliger Sättigung zu sein. Es wird ihm immer irgendein Wunsch oder ein Verlangen entschlüpfen, und er wird bald erkennen lassen, daß er weit von seinem Ziel entfernt ist.

Da also niemand in sein Ziel eintreten kann, es sei denn, er wird auf den Weg gebracht, geht es nicht darum, jemanden dort hineinzuführen, sondern ihm vielmehr den Weg zu zeigen, der dorthin führt, ihn zu beschwören, sich von Herbergen nicht festhalten und binden zu lassen und sich auch nicht an Übungen zu klammern, die man, wenn das Zeichen gegeben wird, verlassen muß. Das Zeichen wird der erfahrene Führer zu erkennen geben, der das lebendige Wasser zeigt und dahin zu führen sucht.

Wäre es nicht grausam und sträflich, einem durstigen Menschen eine Quelle zu zeigen, ihn dann aber festzuhalten, ihn nicht hingehen, sondern an Durst sterben zu lassen?

14

Das ist es, was heute geschieht. Darum wollen wir uns alle einig sein über den Weg und über das Ziel, an dem man nicht zweifeln kann, ohne in Irrtum zu fallen. Der Weg hat seinen Anfang, seinen Fortgang und sein Ziel. Je mehr man sich dem Ziel nähert, um so mehr entfernt man sich notwendigerweise vom Anfang. Es ist unmöglich, am Ziel anzukommen, ohne sich immer weiter vom Anfang zu entfernen; man kann ja nicht von einer Tür zu einem entlegenen Ort gelangen, ohne den Weg dazwischen zurückzulegen, was unbestreitbar ist.

Wenn das Ziel gut, heilig und notwendig ist, wenn die Tür gut ist, wie könnte dann der Weg, der von dieser Tür ausgeht und genau auf dieses Ziel hinführt, schlecht sein?

Wie blind sind die meisten Menschen! Sie halten so viel auf ihren Geist und Verstand. Doch du, mein Gott, hast deine Geheimnisse „den Großen und Klugen verborgen, den Kleinen aber offenbart" (Mt 11,25).